Doro Ottermann

TAGEBUCH

MEINE SCHWANGERSCHAFT

mosaik

MIX
Papier aus verantwortungsvollen Quellen
FSC® C083411

Verlagsgruppe Random House FSC®N001967

1. Auflage
Originalausgabe August 2019
Mosaik Verlag in der Verlagsgruppe Random House GmbH

Neumarkter Str. 28, 81673 München
Umschlaggestaltung: zeichenpool, München
Umschlagmotive: Doro Ottermann
Gestaltung: Doro Ottermann
Gesamtherstellung: CPI books GmbH, Leck
KW · Herstellung: IH
Printed in Germany
ISBN 978-3-442-39341-1

www.mosaik-verlag.de

Dieses Tagebuch gehört:

Inhalt

Hoppla, ich bin schwanger!

Jetzt ist es also passiert, ich habe ein Baby im Bauch!

Es ist ☐ eine ☐ keine große Überraschung für mich, weil ....

....

....

....

Geahnt habe ich es schon seit dem ...., weil ....

.... Aber seit dem .... habe ich Gewissheit!

So viele Schwangerschaftstests habe ich gemacht, bis ich es wirklich WIRKLICH geglaubt habe: ☐ Stück

Es hat ☐ ziemlich ☐ gar nicht lange gedauert, bis ich schwanger geworden bin. Geholfen hat mir dabei vor allem: ....

Da war ich, als ich es erfahren habe: ....

....

Wer war dabei? ....

Mein allererster Gedanke:

☐ Huch!

☐ Oh, wie schön!

☐ ....

So sah ich (vermutlich) aus:

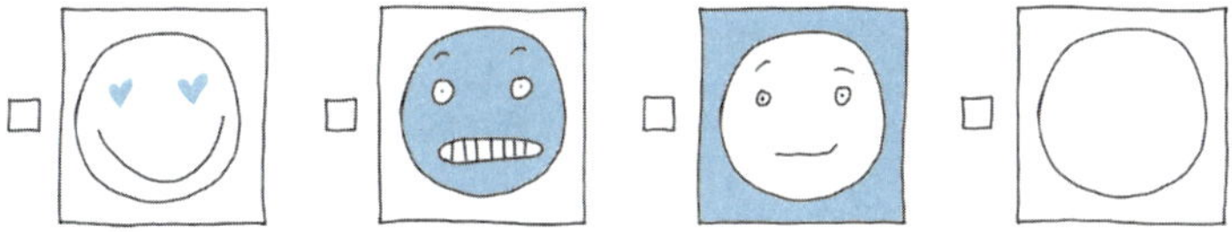

Und so denke ich jetzt darüber: ....

....

....

Das ist alles ganz schön ☐ aufregend ☐ verwirrend

☐ ....

Dieser Person habe ich als Erstes davon erzählt:

....

☐ Ihre ☐ Seine Reaktion: ....

....

....

....

Datum: .... Schwangerschaftswoche: ....

Ich fühle mich:

	ja	nein	etwas		ja	nein	etwas
leise	☐	☐	☐	heißhungrig	☐	☐	☐
weise	☐	☐	☐	euphorisch	☐	☐	☐
temperamentvoll	☐	☐	☐	dynamisch	☐	☐	☐
unbeweglich	☐	☐	☐	ausgeruht	☐	☐	☐
streitlustig	☐	☐	☐	....	☐	☐	☐

So habe ich den Tag verbracht: ....

....

....

....

Das raubt mir nachts den Schlaf: ....

....

....

So nervös bin ich: 0% [ ] 100%

Drei Dinge, mit denen ich sehr zufrieden bin:

1. ....
2. ....
3. ....

Datum: .... Schwangerschaftswoche: ....

So nah am
Wasser gebaut:
(Haus einzeichnen!)

Diesem Tag gebe ich ★★★★★ von 5 Sternen, weil

....

....

Ugh, Hormone!! ....

....

....

Gelacht: ☐ mal
Geweint: ☐ mal
Beides gleichzeitig: ☐ mal

Damit bin ich ☐ einverstanden ☐ ganz und gar nicht einverstanden: ....

....

....

Datum: .... Schwangerschaftswoche: ....

So viel kann ich noch
von meinen Füßen sehen:
(Bauch einzeichnen.)

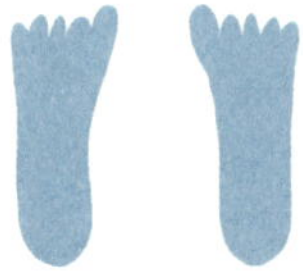

So viel Zeit habe ich verbracht mit

Schlafen: ☐ Stunden
Essen: ☐ Stunden
..........: ☐ Stunden
Freuen: ☐ Stunden
Grübeln: ☐ Stunden
..........: ☐ Stunden

Das war heute so los: ....

Meine Gedanken teile ich ☐ mit niemandem
☐ mit .... am liebsten. Und wieso? ....

Da habe ich gerade ☐ sehr viel ☐ kaum Lust drauf:

Datum: .... Schwangerschaftswoche: ....

So fühle ich mich:

	ja	nein	etwas		ja	nein	etwas
kreativ	☐	☐	☐	bezaubernd	☐	☐	☐
kränklich	☐	☐	☐	aktiv	☐	☐	☐
dick	☐	☐	☐	....	☐	☐	☐

So ist im Moment ein typischer Tag: ....

....

....

....

Habe ich mich schon ans Schwangersein gewöhnt?

☐ ja ☐ nein ☐ ein wenig

Warum? ....

....

Das ☐ genieße ☐ vermisse ich gerade: ....

....

Aufregung: 0 % [ ] 100 %

Was mich gerade außerordentlich glücklich macht: ....

....

Datum: .... Schwangerschaftswoche: ......

Ich fühle mich:

	ja	nein	etwas		ja	nein	etwas
unterfordert	☐	☐	☐	laut	☐	☐	☐
ungeduldig	☐	☐	☐	ehrlich	☐	☐	☐
milde	☐	☐	☐	kodderig	☐	☐	☐
müde	☐	☐	☐	hungrig	☐	☐	☐
witzig	☐	☐	☐	....	☐	☐	☐

Der Tag in einem Wort: ....

Das macht mich gerade besonders ☐ happy ☐ wütend:

....

....

....

Es fällt mir ☐ sehr ☐ überhaupt nicht schwer, auf .... zu verzichten.

Weil ....

....

NICHT VERGESSEN: ....

....

....

Datum: .... Schwangerschaftswoche: ....

So dünn ist
mein Geduldsfaden:
(Faden einzeichnen.)

So war mein Tag: ....

....

....

....

Das war ziemlich ☐ überraschend ☐ frustrierend: ....

....

....

Ich finde mich gerade ziemlich mutig, weil ....

....

....

Ich sollte mehr ....
und dafür weniger .... ,
Weil ....

....

Datum: .... Schwangerschaftswoche: ....

Aktivitätskurve

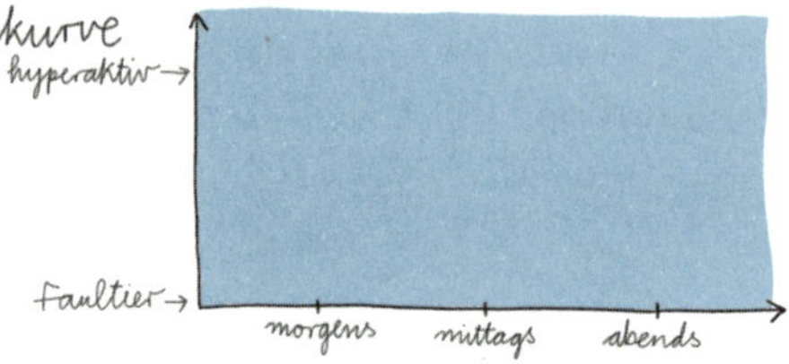

☐ Bester ☐ Doofster Moment des Tages: ....

....

....

....

Das ist bereits jetzt anders als vor der Schwangerschaft:

....

....

Energielevel: 0% [   ] 100%

Was mich gerade tooooooooootal glücklich macht: ....

....

....

Bevor du da bist, möchte ich gerne noch ....

....

....

Datum: .... Schwangerschaftswoche: ....

So fühle ich mich:

	ja	nein	etwas		ja	nein	etwas
nervös	☐	☐	☐	überkandidelt	☐	☐	☐
elastisch	☐	☐	☐	sprachlos	☐	☐	☐
kraftvoll	☐	☐	☐	....	☐	☐	☐

So sieht eine typische Nacht aus: ....

....

....

So fühle ich mich gerade morgens: ....

.... Mittags bin ich eher ....

....

und abends ....

Menschen getroffen? ☐ Stück

Wenn ja, diese: ....

Mich ☐ beruhigt ☐ bedrückt der Gedanke, dass ....

....

Das vermisse ich gerade: ....

....

Datum: .... Schwangerschaftswoche: ....

So fühle ich mich:

	ja	nein	etwas		ja	nein	etwas
beschwingt	☐	☐	☐	elfengleich	☐	☐	☐
zurückhaltend	☐	☐	☐	behütet	☐	☐	☐
traurig	☐	☐	☐	flexibel	☐	☐	☐
geduldig	☐	☐	☐	....	☐	☐	☐

Heute war ein ☐ toller ☐ normaler ☐ mieser, fieser Tag, weil ....

....

....

Diese kleine Veränderung ist mir kürzlich aufgefallen:

....

....

Das tut gut: ....

Das nicht: ....

So hat mir die Schwangerschaft bisher gefallen:

☐ gut ☐ mittel ☐ schlecht

Weil ....

....

Datum: .... Schwangerschaftswoche: ....

Ein ganz spezielles Geschmackserlebnis:

So ist im Moment ein typischer Tag – das mache ich

morgens: ....

mittags: ....

abends: ....

Das Netteste, das in der letzten Zeit jemand

☐ für mich getan ☐ zu mir gesagt hat: ....

....

....

Zipperlein? ☐ ja ☐ nein ☐ geht so

Falls ja, diese: ....

....

Ich träume davon, dass ....

....

....

Datum: .... Schwangerschaftswoche: ....

Da ☐ juckt's
☐ ziept's
☐ drückt's

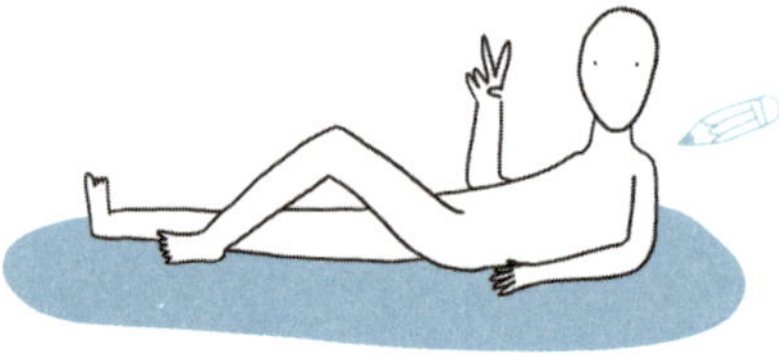

Kurzer Statusbericht: ....

Momentan bin ich extrem
☐ dünnhäutig ☐ guter Dinge, weil ....

Das soll sich ☐ bitte ☐ bitte nicht ändern: ....

So würde ich dich heute nennen: ....

Der Höhepunkt des Tages: ....

Aber das kehren wir besser unter den Teppich: ....

Datum: .... Schwangerschaftswoche: ....

Gefühle des Tages:

	ja	nein	etwas		ja	nein	etwas
Aufregung	☐	☐	☐	Zufriedenheit	☐	☐	☐
Melancholie	☐	☐	☐	Wut	☐	☐	☐
Leichtigkeit	☐	☐	☐	Starrsinn	☐	☐	☐
Milde	☐	☐	☐	....	☐	☐	☐

Das geht mir durch den Kopf: ....

....

Eine ☐ interessante ☐ fragwürdige neue Erfahrung:

....

....

Überraschendste Situation, die mich in der letzten Zeit zum ☐ Lachen ☐ Weinen gebracht hat: ....

....

....

Müdigkeit: 0% [ ] 100%

Und sonst so? ....

....

Datum: .... Schwangerschaftswoche: ....

Genau jetzt fühle ich mich:

	ja	nein	etwas		ja	nein	etwas
entzückt	☐	☐	☐	energisch	☐	☐	☐
verrückt	☐	☐	☐	scharf	☐	☐	☐
bedrückt	☐	☐	☐	....	☐	☐	☐

So war die Nacht: ☐ gut ☐ mittel ☐ schlecht

Geträumt? ☐ ja ☐ nein

Details: ....

....

Schade, dass ich heute nicht ....

....,

aber schön, dass ich ....

....

Darüber habe ich mir ☐ noch keine ☐ schon ziemlich viele Gedanken gemacht: ....

....

....

Ich bin sehr dankbar dafür, dass ....

....

Datum: .... Schwangerschaftswoche: ....

Ein Satz aus dem Buch, das ich gerade lese:

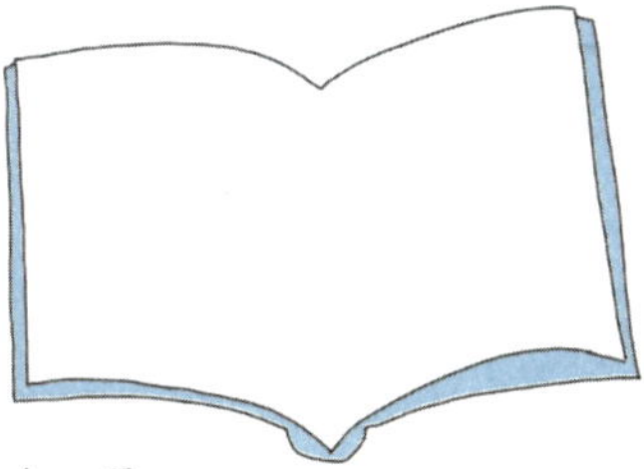

Schönster Moment des Tages: ....

Gute Nachrichten: ....

Darauf freue ich mich total: ....

Darauf weniger: ....

Davon habe ich mich ☐ überhaupt nicht ☐ ein klitzeklein wenig stressen lassen: ....

So bewerte ich die Gesamtsituation: ☐ 👍 ☐ 👎

Datum: .... Schwangerschaftswoche: ....

Liebster Zeitvertreib im TV:

Schönster Gedanke des Tages: ....

....

....

So oft musste ich heute aufs Klo: ☐ mal

Meine Laune ist gerade überwiegend

☐ gut ☐ normal ☐ grottenschlecht, weil ....

....

....

Das ☐ genieße ☐ vermisse ich: ....

....

....

Nicht so toll: ....

Ganz okay: ....

Ziemlich prima: ....

Datum: .... Schwangerschaftswoche: ....

So fühle ich mich:

	ja	nein	etwas		ja	nein	etwas
schläfrig	☐	☐	☐	faul	☐	☐	☐
froh	☐	☐	☐	zuversichtlich	☐	☐	☐
weich	☐	☐	☐	durchgeschüttelt	☐	☐	☐
neugierig	☐	☐	☐	....	☐	☐	☐

Heute habe ich ....

....

....

Daran waren (natürlich!) die Hormone schuld: ....

....

....

Jieper, Vorlieben, sonderbare Gelüste: ....

....

....

Drei Dinge, die heute ganz besonders waren:

1. ....
2. ....
3. ....

Datum: .... Schwangerschaftswoche: ....

Ich fühle mich:

	ja	nein	etwas		ja	nein	etwas
fröhlich	☐	☐	☐	selbstsicher	☐	☐	☐
faul	☐	☐	☐	fantastisch	☐	☐	☐
mutig	☐	☐	☐	reizbar	☐	☐	☐
erfüllt	☐	☐	☐	....	☐	☐	☐

Das habe ich heute gelernt: ....

Daran hab ich heute am häufigsten gedacht: ....

Das bringt mich zum Lächeln: ....

Das zum Weinen: ....

Ich finde es ☐ beruhigend ☐ beunruhigend, dass ....

Datum: .... Schwangerschaftswoche: ....

Das kann ich nicht mehr hören:

Das war heute ☐ toll ☐ suboptimal: ....

Darüber muss ich jedes Mal ☐ lachen ☐ weinen: ....

Eine kleine Veränderung: ....

Eine große Veränderung: ....

Vorfreude 0% ▭ 100%

Null Bock auf: ....

Datum: .... Schwangerschaftswoche: ....

Dafür verleihe ich mir einen Orden:

Mein Wort des Tages: ....

Besondere Vorkommnisse: ....

....

....

Dieses Vorurteil über die Schwangerschaft kann ich
☐ bestätigen ☐ nicht bestätigen: ....

....

Darüber mache ich mir gerade
☐ keine ☐ ein wenig ☐ ziemlich große Sorgen: ....

....

....

Das kann doch wirklich nicht wahr sein! ....

....

Datum: .... Schwangerschaftswoche: ....

So fühle ich mich:

	ja	nein	etwas		ja	nein	etwas
reizend	☐	☐	☐	optimistisch	☐	☐	☐
strahlend	☐	☐	☐	entspannt	☐	☐	☐
konfus	☐	☐	☐	....	☐	☐	☐

Das Beste vom Tage: ....

Das geht mir gehörig auf den Keks: ....

.... hat gesagt, dass ....

Das muss ich dringend ☐ berücksichtigen ☐ ignorieren!

Das ☐ will ☐ kann ☐ darf ich nicht vergessen: ....

Datum: .... Schwangerschaftswoche: ....

Ich fühle mich:

	ja	nein	etwas		ja	nein	etwas
leise	☐	☐	☐	heißhungrig	☐	☐	☐
weise	☐	☐	☐	euphorisch	☐	☐	☐
temperamentvoll	☐	☐	☐	dynamisch	☐	☐	☐
unbeweglich	☐	☐	☐	ausgeruht	☐	☐	☐
streitlustig	☐	☐	☐	....	☐	☐	☐

So habe ich den Tag verbracht: ....

Das raubt mir nachts den Schlaf: ....

So nervös bin ich: 0% [ ] 100%

Drei Dinge, mit denen ich sehr zufrieden bin:

1. ....
2. ....
3. ....

Datum: .... Schwangerschaftswoche: ....

So nah am
Wasser gebaut:
(Haus einzeichnen!)

Diesem Tag gebe ich ★★★★★ von 5 Sternen, weil

....

....

Ugh, Hormone!! ....

....

....

Gelacht: ☐ mal
Geweint: ☐ mal
Beides gleichzeitig: ☐ mal

Damit bin ich ☐ einverstanden ☐ ganz und gar nicht einverstanden: ....

....

....

Datum: .... Schwangerschaftswoche: ....

So viel kann ich noch von meinen Füßen sehen: (Bauch einzeichnen.)

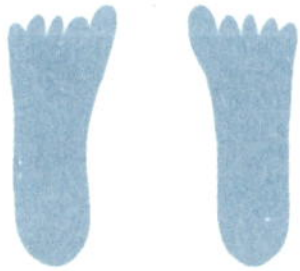

So viel Zeit habe ich verbracht mit

Schlafen: ☐ Stunden

Essen: ☐ Stunden

............: ☐ Stunden

Freuen: ☐ Stunden

Grübeln: ☐ Stunden

............: ☐ Stunden

Das war heute so los: ....

Meine Gedanken teile ich ☐ mit niemandem ☐ mit .... am liebsten. Und wieso? ....

Da habe ich gerade ☐ sehr viel ☐ kaum Lust drauf: ....

Datum: .... Schwangerschaftswoche: ....

So fühle ich mich:

	ja	nein	etwas		ja	nein	etwas
kreativ	☐	☐	☐	bezaubernd	☐	☐	☐
kränklich	☐	☐	☐	aktiv	☐	☐	☐
dick	☐	☐	☐	....	☐	☐	☐

So ist im Moment ein typischer Tag: ....

Habe ich mich schon ans Schwangersein gewöhnt?

☐ ja ☐ nein ☐ ein wenig

Warum? ....

Das ☐ genieße ☐ vermisse ich gerade: ....

Aufregung: 0 % [ ] 100 %

Was mich gerade außerordentlich glücklich macht: ....

Datum: .... Schwangerschaftswoche: ....

Ich fühle mich:

	ja	nein	etwas		ja	nein	etwas
unterfordert	☐	☐	☐	laut	☐	☐	☐
ungeduldig	☐	☐	☐	ehrlich	☐	☐	☐
milde	☐	☐	☐	kodderig	☐	☐	☐
müde	☐	☐	☐	hungrig	☐	☐	☐
witzig	☐	☐	☐	....	☐	☐	☐

Der Tag in einem Wort: ....

Das macht mich gerade besonders ☐ happy ☐ wütend:

....

....

....

Es fällt mir ☐ sehr ☐ überhaupt nicht schwer, auf .... zu verzichten.

Weil ....

....

NICHT VERGESSEN: ....

....

....

Datum: .... Schwangerschaftswoche: ....

So dünn ist
mein Geduldsfaden:
(Faden einzeichnen.)

So war mein Tag: ....

Das war ziemlich ☐ überraschend ☐ frustrierend: ....

Ich finde mich gerade ziemlich mutig, weil ....

Ich sollte mehr ....
und dafür weniger ....,
weil ....

Datum: Schwangerschaftswoche:

Aktivitätskurve

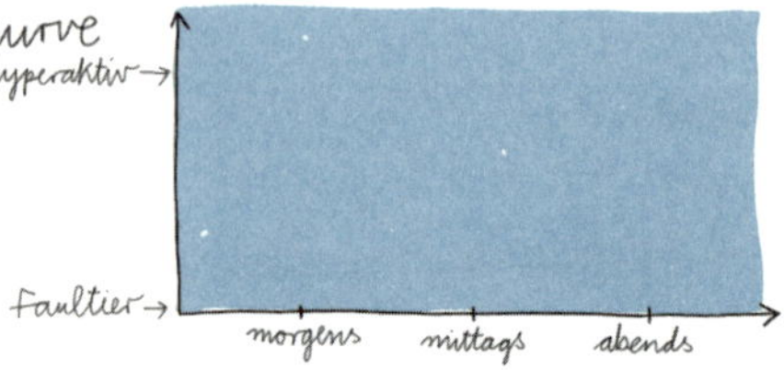

☐ Bester ☐ Doofster Moment des Tages:

Das ist bereits jetzt anders als vor der Schwangerschaft:

Energielevel: 0% 100 %

Was mich gerade tooooooooootal glücklich macht:

Bevor du da bist, möchte ich gerne noch

Datum: .... Schwangerschaftswoche: ....

So fühle ich mich:

	ja	nein	etwas		ja	nein	etwas
nervös	☐	☐	☐	überkandidelt	☐	☐	☐
elastisch	☐	☐	☐	sprachlos	☐	☐	☐
kraftvoll	☐	☐	☐	....	☐	☐	☐

So sieht eine typische Nacht aus: ....

....

....

So fühle ich mich gerade morgens: ....

.... Mittags bin ich eher ....

....

und abends ....

Menschen getroffen? ☐ Stück

Wenn ja, diese: ....

Mich ☐ beruhigt ☐ bedrückt der Gedanke, dass ....

....

Das vermisse ich gerade: ....

....

Datum: .... Schwangerschaftswoche: ....

So fühle ich mich:

	ja	nein	etwas		ja	nein	etwas
beschwingt	☐	☐	☐	elfengleich	☐	☐	☐
zurückhaltend	☐	☐	☐	behütet	☐	☐	☐
traurig	☐	☐	☐	flexibel	☐	☐	☐
geduldig	☐	☐	☐	....	☐	☐	☐

Heute war ein ☐ toller ☐ normaler ☐ mieser, fieser Tag, weil ....

....

....

Diese kleine Veränderung ist mir kürzlich aufgefallen:

....

....

Das tut gut: ....

Das nicht: ....

So hat mir die Schwangerschaft bisher gefallen:

☐ gut ☐ mittel ☐ schlecht

Weil ....

....

Datum: .... Schwangerschaftswoche: ....

Ein ganz spezielles Geschmackserlebnis:

So ist im Moment ein typischer Tag – das mache ich

morgens: ....

mittags: ....

abends: ....

Das Netteste, das in der letzten Zeit jemand

☐ für mich getan ☐ zu mir gesagt hat: ....

....

....

Zipperlein? ☐ ja ☐ nein ☐ geht so

Falls ja, diese: ....

....

Ich träume davon, dass ....

....

....

Datum: .... Schwangerschaftswoche: ....

Da ☐ juckt's
☐ ziept's
☐ drückt's

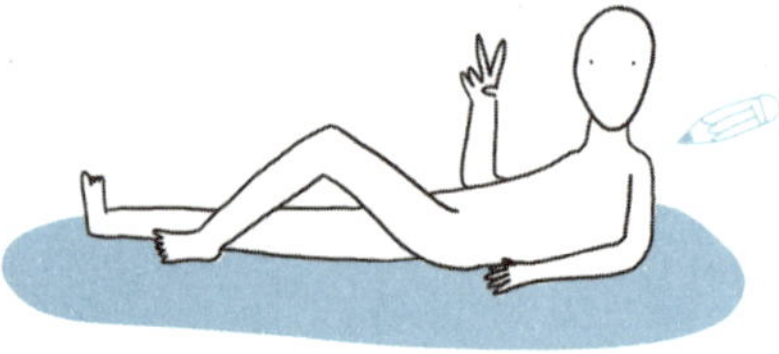

Kurzer Statusbericht: ....

Momentan bin ich extrem
☐ dünnhäutig ☐ guter Dinge, weil ....

Das soll sich ☐ bitte ☐ bitte nicht ändern: ....

So würde ich dich heute nennen: ....

Der Höhepunkt des Tages: ....

Aber das kehren wir besser unter den Teppich: ....

Datum: .... Schwangerschaftswoche: ....

Gefühle des Tages:

	ja	nein	etwas		ja	nein	etwas
Aufregung	☐	☐	☐	Zufriedenheit	☐	☐	☐
Melancholie	☐	☐	☐	Wut	☐	☐	☐
Leichtigkeit	☐	☐	☐	Starrsinn	☐	☐	☐
Milde	☐	☐	☐	....	☐	☐	☐

Das geht mir durch den Kopf: ....

Eine ☐ interessante ☐ fragwürdige neue Erfahrung: ....

Überraschendste Situation, die mich in der letzten Zeit zum ☐ Lachen ☐ Weinen gebracht hat: ....

Müdigkeit: 0% [ ] 100%

Und sonst so? ....

Datum: .... Schwangerschaftswoche: ....

Genau jetzt fühle ich mich:

	ja	nein	etwas		ja	nein	etwas
entzückt	☐	☐	☐	energisch	☐	☐	☐
verrückt	☐	☐	☐	scharf	☐	☐	☐
bedrückt	☐	☐	☐	....	☐	☐	☐

So war die Nacht: ☐ gut ☐ mittel ☐ schlecht

Geträumt? ☐ ja ☐ nein

Details: ....

....

Schade, dass ich heute nicht ....

....,

aber schön, dass ich ....

....

Darüber habe ich mir ☐ noch keine ☐ schon ziemlich viele Gedanken gemacht: ....

....

....

Ich bin sehr dankbar dafür, dass ....

....

Datum: .... Schwangerschaftswoche: ....

Ein Satz aus dem Buch, das ich gerade lese:

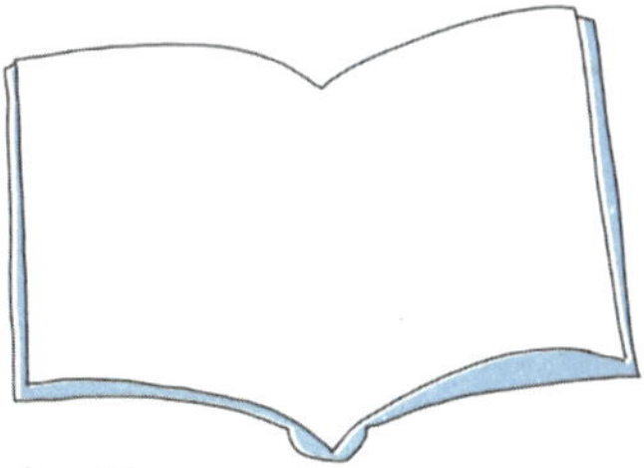

Schönster Moment des Tages: ....

....

....

....

Gute Nachrichten: ....

....

Darauf freue ich mich total: ....

....

Darauf weniger: ....

....

Davon habe ich mich ☐ überhaupt nicht ☐ ein klitzeklein wenig stressen lassen: ....

....

So bewerte ich die Gesamtsituation: ☐ 👍 ☐ 👎

Datum: .... Schwangerschaftswoche: ....

Liebster Zeitvertreib
im TV:

Schönster Gedanke des Tages: ....

....

....

So oft musste ich heute aufs Klo: ☐ mal

Meine Laune ist gerade überwiegend
☐ gut ☐ normal ☐ grottenschlecht, weil ....

....

....

Das ☐ genieße ☐ vermisse ich: ....

....

....

Nicht so toll: ....
Ganz okay: ....
Ziemlich prima: ....

Datum: .... Schwangerschaftswoche: ....

So fühle ich mich:

	ja	nein	etwas		ja	nein	etwas
schläfrig	☐	☐	☐	faul	☐	☐	☐
froh	☐	☐	☐	zuversichtlich	☐	☐	☐
weich	☐	☐	☐	durchgeschüttelt	☐	☐	☐
neugierig	☐	☐	☐	....	☐	☐	☐

Heute habe ich ....

....

....

Daran waren (natürlich!) die Hormone schuld: ....

....

....

Jieper, Vorlieben, sonderbare Gelüste: ....

....

....

Drei Dinge, die heute ganz besonders waren:

1. ....
2. ....
3. ....

Datum: .... Schwangerschaftswoche: ....

Ich fühle mich:

	ja	nein	etwas		ja	nein	etwas
fröhlich	☐	☐	☐	selbstsicher	☐	☐	☐
faul	☐	☐	☐	fantastisch	☐	☐	☐
mutig	☐	☐	☐	reizbar	☐	☐	☐
erfüllt	☐	☐	☐	....	☐	☐	☐

Das habe ich heute gelernt: ....

....

....

Daran hab ich heute am häufigsten gedacht: ....

....

....

Das bringt mich zum Lächeln: ....

....

Das zum Weinen: ....

....

Ich finde es ☐ beruhigend ☐ beunruhigend, dass ....

....

....

Datum: ………………… Schwangerschaftswoche: ………

Das kann ich nicht mehr hören:

Das war heute ☐ toll ☐ suboptimal: ……………………

……………………

……………………

Darüber muss ich jedes Mal ☐ lachen ☐ weinen: ……………………

……………………

……………………

Eine kleine Veränderung: ……………………

……………………

Eine große Veränderung: ……………………

……………………

Vorfreude 0% ☐ 100%

Null Bock auf: ……………………

……………………

Datum: .... Schwangerschaftswoche: ....

Dafür verleihe ich mir einen Orden:

Mein Wort des Tages: ....

Besondere Vorkommnisse: ....

....

....

Dieses Vorurteil über die Schwangerschaft kann ich
☐ bestätigen ☐ nicht bestätigen: ....

....

Darüber mache ich mir gerade
☐ keine ☐ ein wenig ☐ ziemlich große Sorgen: ....

....

....

Das kann doch wirklich nicht wahr sein! ....

....

Datum: .... Schwangerschaftswoche: ....

So fühle ich mich:

	ja	nein	etwas		ja	nein	etwas
reizend	☐	☐	☐	optimistisch	☐	☐	☐
strahlend	☐	☐	☐	entspannt	☐	☐	☐
konfus	☐	☐	☐	....	☐	☐	☐

Das Beste vom Tage: ....

....

....

....

Das geht mir gehörig auf den Keks: ....

....

.... hat gesagt, dass ....

....

....

Das muss ich dringend ☐ berücksichtigen ☐ ignorieren!

Das ☐ will ☐ kann ☐ darf ich nicht vergessen: ....

....

....

....

Ideen, Pläne, Gedanken

Stand der Dinge 1

Jetzt bin ich schon seit 12 Wochen schwanger und habe mich ☐ ein wenig ☐ weitestgehend ☐ noch gar nicht an diesen neuen Zustand gewöhnt.

So fühlt es sich an, nicht mehr allein in meinem Körper zu sein: ....

....

....

....

....

Diesen Spitznamen habe ich für dich: ....

Und dieser Name ist gerade mein absoluter Favorit:

....

Wer weiß alles schon von dir? Namen: ....

....

Die ☐ seltsamste ☐ überraschendste Reaktion auf meine Neuigkeiten: ....

....

....

....

Hier das erste Ultraschallbild anheften.

Eine besonders schöne Reaktion: ....

....

....

Das denke ich darüber: ....

....

....

☐ Meine Ärztin ☐ Mein Arzt ist ....

Die erste Ultraschalluntersuchung war am: ....
Und so war das: ....

....

....

....

Dr. .... sagt, man erkennt ganz deutlich

....

aber ich fand, dass du aussiehst wie ....

....

☐ Sie ☐ Er sagt auch: Du bist etwa ☐ cm lang und wiegst circa ☐ Gramm. Du bist also etwa so groß wie ☐ eine Erdnuss ☐ ....

Jetzt startet schon das 2. Drittel der Schwangerschaft!

So sollst du heißen:

Schöne Namen

Diese Namen kommen in die engere Auswahl:

Absolute Favoriten:

Datum: .... Schwangerschaftswoche: ....

Ich fühle mich:

	ja	nein	etwas		ja	nein	etwas
gelenkig	☐	☐	☐	liebesbedürftig	☐	☐	☐
happy	☐	☐	☐	verspielt	☐	☐	☐
sorgsam	☐	☐	☐	....	☐	☐	☐

Die Zeit ☐ rast ☐ kriecht gerade, weil ....

....

....

....

Diesen Gedanken möchte ich ☐ bewahren ☐ verdrängen:

....

....

....

So sehr ruhe ich in mir selbst:

vollkommen [ ] kein bisschen

Drei Dinge, die mich zum Grinsen bringen:

1. ....
2. ....
3. ....

Datum: ……………… Schwangerschaftswoche: ………

Ein ☐ Zitat
☐ Tipp
☐ ungebetener Ratschlag

Heute war ein ☐ toller ☐ ziemlich blöder Tag, weil

……………………………………………………………

……………………………………………………………

……………………………………………………………

Damit habe ich heute am meisten Zeit verbracht: ………

……………………………………………………………

Und damit am wenigsten: ……………………………

……………………………………………………………

Gelacht: ☐ mal
Geweint: ☐ mal
Beides gleichzeitig: ☐ mal

Damit bin ich ☐ sehr zufrieden ☐ unzufrieden: ………

……………………………………………………………

……………………………………………………………

Datum: .... Schwangerschaftswoche: ....

So viel kann ich noch
von meinen Füßen sehen:
(Bauch einzeichnen)

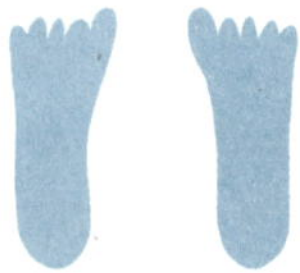

So viel Zeit verbracht mit
Träumen: ☐ Stunden
Warten: ☐ Stunden
Pläneschmieden: ☐ Stunden
Lesen: ☐ Stunden
Essen: ☐ Stunden
.... ☐ Stunden

Das war heute ☐ der Kracher ☐ völlig daneben: ....

....

....

....

Das habe ich mir heute Gutes getan: ....

....

....

Da wäre ich jetzt gerne: ....

....

....

Datum: .... Schwangerschaftswoche: ....

So fühle ich mich:

	ja	nein	etwas		ja	nein	etwas
selig	☐	☐	☐	spendabel	☐	☐	☐
lethargisch	☐	☐	☐	grauenhaft	☐	☐	☐
zart	☐	☐	☐	....	☐	☐	☐

Das ist heute liegen geblieben: ....

....

....

.... Finde ich aber total in Ordnung!

Habe ich mich schon ans Schwangersein gewöhnt?

☐ ja total ☐ meistens schon ☐ hmmm

Warum? ....

....

Mein neuester Spleen: ....

....

Wunderbar: ....

....

Sonderbar: ....

....

Datum: .... **Schwangerschaftswoche:** ......

So fühle ich mich gerade:

	ja	nein	etwas
entspannt	☐	☐	☐
galant	☐	☐	☐
mürbe	☐	☐	☐
wild	☐	☐	☐
präzise	☐	☐	☐
loyal	☐	☐	☐
flau	☐	☐	☐
zurückhaltend	☐	☐	☐
erwachsen	☐	☐	☐
....	☐	☐	☐

Und so würde ich mich gern einmal wieder fühlen: ......

....

Das macht mich gerade besonders ☐ happy ☐ wütend:

....

....

....

Das war mir ☐ kein ☐ ein bisschen peinlich: ......

....

Weil ....

....

Nörgel, nörgel: ....

....

Datum: .... Schwangerschaftswoche: ....

So fit bin ich:

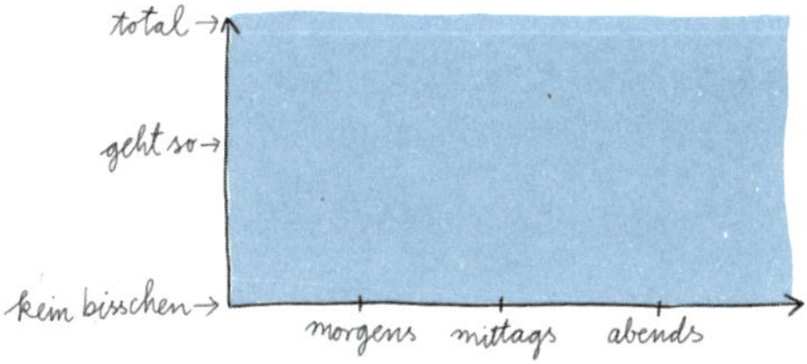

Heute habe ich: ....

....

Und morgen werde ich: ....

....

Das war ziemlich ☐ überraschend ☐ frustrierend: ....

....

....

Das gefällt mir gerade ☐ ziemlich ☐ nicht so gut am Schwangersein: ....

....

Gerade fällt es mir ☐ sehr ☐ gar nicht schwer, darauf zu verzichten: ....

Weil ....

....

Datum: .... Schwangerschaftswoche: ....

Mein liebstes Schwangerschafts-outfit

Der Tag war mein ☐ Freund ☐ Feind

Weil ....

....

....

So möchte ich als Mutter ☐ unbedingt ☐ auf keinen Fall sein: ....

....

So schwanger fühle ich mich: 0%  100 %

Das war etwas merkwürdig: ....

....

....

Meine Pläne für morgen: ....

....

....

Datum: .... Schwangerschaftswoche: ....

Ich fühle mich:

	ja	nein	etwas		ja	nein	etwas
nachsichtig	☐	☐	☐	wagemutig	☐	☐	☐
beweglich	☐	☐	☐	reif	☐	☐	☐
erhaben	☐	☐	☐	....	☐	☐	☐

Das denke ich genau in diesem Moment: ....

....

....

....

....

Ohne .... könnte ich gerade nicht leben, weil ....

....

Würde ich dich nach meinem derzeitigen Lieblingssnack benennen, so wäre dein Name: ....

☐ Total bescheuert! ☐ Eigentlich ganz niedlich.

Mit Menschen telefoniert? ☐ Stück

Lieblingsthemen: ....

....

Datum: .... Schwangerschaftswoche: ....

So fühle ich mich:

	ja	nein	etwas		ja	nein	etwas
faltig	☐	☐	☐	hauchzart	☐	☐	☐
still	☐	☐	☐	gut umsorgt	☐	☐	☐
geheimnisvoll	☐	☐	☐	anziehend	☐	☐	☐
wuschelig	☐	☐	☐	....	☐	☐	☐

Das lief heute ☐ zäh ☐ wie am Schnürchen: ....

....

....

....

Der Bauch wächst ☐ langsam ☐ rasend schnell

Und so denke ich darüber: ....

....

....

Davon hätte ich gerne mehr: ....

....

Ein ☐ sonderbarer ☐ schöner kleiner Gedanke: ....

....

....

Datum: .... Schwangerschaftswoche: ....

Das sägt gerade an meinen Nerven:

Mein Tag in einem Satz: ....

Ein schönes Kompliment: ....

Das finde ich gerade ☐ verwirrend ☐ beruhigend: ....

Nie wieder: ....

Aber immer wieder: ....

Datum: .... Schwangerschaftswoche: ....

Sonderbare Geschmacks-verwirrungen:

So habe ich den Tag verbracht: ....

....

....

Gerade bin ich

☐ die Ruhe in Person ☐ ein wandelndes Pulverfass

Wie kommts? ....

....

....

Spüre ich schon Bewegungen im Bauch? ☐ ja ☐ nein

Falls ja, so fühlt es sich an: ....

....

Ein Gedanke, der mich glücklich macht: ....

....

....

....

Datum: .... Schwangerschaftswoche: ....

Ich fühle mich gerade:

	ja	nein	etwas		ja	nein	etwas
euphorisch	☐	☐	☐	froh	☐	☐	☐
fit	☐	☐	☐	unförmig	☐	☐	☐
grummelig	☐	☐	☐	stark	☐	☐	☐
sanft	☐	☐	☐	....	☐	☐	☐

Gefällt mir ☐ gar nicht ☐ ziemlich gut: ....

....

....

Wenn ich das höre, ☐ werde ich aufmerksam
☐ könnte ich wirklich durchdrehen:

....

....

....

Ein Glücksmoment: ....

....

....

....

Derzeitiges Aktivitätslevel: 0% [ ] 100%

Datum: .... Schwangerschaftswoche: ....

So fühle ich mich:

	ja	nein	etwas		ja	nein	etwas
drahtig	☐	☐	☐	besonders	☐	☐	☐
gelangweilt	☐	☐	☐	liebreizend	☐	☐	☐
sexy	☐	☐	☐	....	☐	☐	☐

So habe ich geschlafen: ☐ unglaublich gut ☐ na ja

Details: ....

....

....

Das alles wollte ich heute erledigen: ....

....

....

☐ Hat geklappt. ☐ Hat nicht geklappt, aber macht nichts.

Darüber habe ich mir ☐ noch keine ☐ schon ziemlich viele Gedanken gemacht: ....

....

....

Ich frage mich gerade, ob ....

....

...................., oder lieber nicht?

Datum: .... Schwangerschaftswoche: ....

Gelesen und für gut befunden:

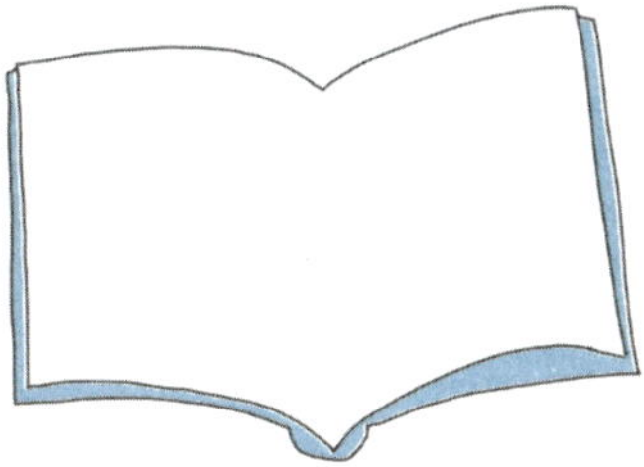

So verändert sich mein Körper: ....

....

....

Und so finde ich das: ....

....

....

Meine Lieblingshose ☐ passt noch ☐ wird langsam eng

Das war mir neu: ....

....

....

Da ist mein Herz ☐ gehüpft ☐ in die Hose gerutscht:

....

....

....

....

Datum: .... Schwangerschaftswoche: ....

Achterbahn der Gefühle:

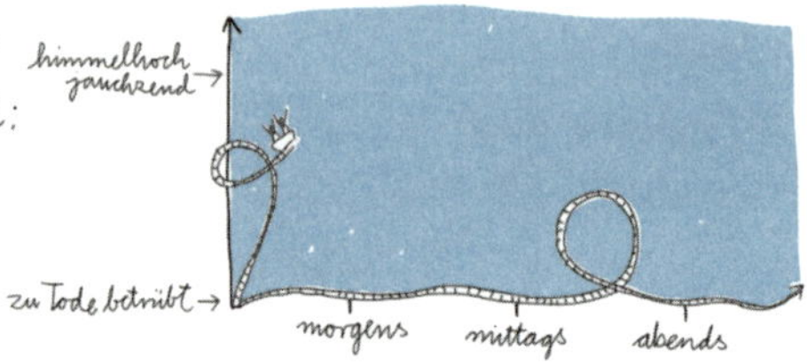

Davon habe ich mich ☐ nicht ☐ leider doch etwas aus der Ruhe bringen lassen: ....

Meine Laune ist momentan ☐ blendend ☐ unterirdisch, weil ....

Über diese Person habe ich mich heute ☐ gefreut ☐ geärgert: ....

Warum? ....

Drei Dinge, die mir ein kleines Schmunzeln entlockt haben:

1. ....
2. ....
3. ....

Datum: .... Schwangerschaftswoche: ....

Ich fühle mich:

	ja	nein	etwas		ja	nein	etwas
klein	☐	☐	☐	brav	☐	☐	☐
rosig	☐	☐	☐	aufgeräumt	☐	☐	☐
dramatisch	☐	☐	☐	sinnlich	☐	☐	☐
knatschig	☐	☐	☐	....	☐	☐	☐

Das habe ich heute erledigt: ....

....

....

....

Ein kleiner Glücksmoment: ....

....

....

Derzeitiges ☐ Lieblingswort ☐ Lieblingsschimpfwort:

....

So oft nutze ich es etwa: ☐ mal ☐ täglich ☐ stündlich

Oje: ....

Okay: ....

Olé: ....

Datum: .... Schwangerschaftswoche: ....

Ich fühle mich:

	ja	nein	etwas		ja	nein	etwas
zauberhaft	☐	☐	☐	plump	☐	☐	☐
entspannt	☐	☐	☐	fantastisch	☐	☐	☐
waghalsig	☐	☐	☐	genervt	☐	☐	☐
fröhlich	☐	☐	☐	prall	☐	☐	☐
genial	☐	☐	☐	....	☐	☐	☐

Das habe ich heute gelernt: ....

....

....

Mein Gedankenkarussell dreht sich
☐ schnell ☐ langsam um dieses Thema: ....

....

....

Das finde ich komisch: ....

....

....

Das weniger: ....

....

....

Datum: .... Schwangerschaftswoche: ....

Dafür verleihe ich mir einen Orden:

Thema des Tages: ....

....

....

Das gefällt mir □ total □ gar nicht: ....

....

....

Diesem Emoji sehe ich gerade ähnlich:

□ □ □ □

Null Bock auf: ....

....

Datum: .... Schwangerschaftswoche: ....

Memo an mich selbst:

Mein Gefühl des Tages: ....

Besondere Vorkommnisse: ....

....

....

....

....

Damit vertreibe ich mir gerade so die Zeit: ....

....

....

So entspannt bin ich: 0% [ ] 100 %

Ich finde mich ziemlich mutig, weil ....

....

....

Datum: .... Schwangerschaftswoche: ....

So fühle ich mich heute:

	ja	nein	etwas		ja	nein	etwas
hübsch	☐	☐	☐	energisch	☐	☐	☐
leuchtend	☐	☐	☐	selbstbewusst	☐	☐	☐
straff	☐	☐	☐	....	☐	☐	☐

Das war heute außerordentlich ☐ gut ☐ mies: ....

....

....

....

So halte ich mich fit: ....

....

....

.... hat gesagt, dass ....

....

Das muss ich dringend ☐ berücksichtigen ☐ ignorieren!

Auch das ☐ will ☐ kann ☐ darf ich nicht vergessen:

....

....

....

Datum: .... Schwangerschaftswoche: ....

Ich fühle mich:

	ja	nein	etwas		ja	nein	etwas
gelenkig	☐	☐	☐	liebesbedürftig	☐	☐	☐
happy	☐	☐	☐	verspielt	☐	☐	☐
sorgsam	☐	☐	☐	....	☐	☐	☐

Die Zeit ☐ rast ☐ kriecht gerade, weil ....

....

....

....

Diesen Gedanken möchte ich ☐ bewahren ☐ verdrängen:

....

....

....

So sehr ruhe ich in mir selbst:

vollkommen [ ] kein bisschen

Drei Dinge, die mich zum Grinsen bringen:

1. ....
2. ....
3. ....

Datum: .... Schwangerschaftswoche: ....

Ein ☐ Zitat
☐ Tipp
☐ ungebetener Ratschlag

Heute war ein ☐ toller ☐ ziemlich blöder Tag, weil

Damit habe ich heute am meisten Zeit verbracht:

Und damit am wenigsten:

Gelacht: ☐ mal
Geweint: ☐ mal
Beides gleichzeitig: ☐ mal

Damit bin ich ☐ sehr zufrieden ☐ unzufrieden:

Datum: .... Schwangerschaftswoche: ....

So viel kann ich noch
von meinen Füßen sehen:
(Bauch einzeichnen)

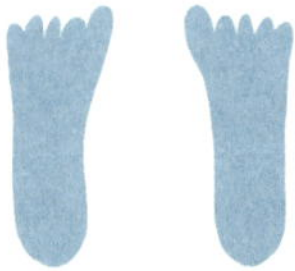

So viel Zeit verbracht mit

Träumen: ☐ Stunden

Lesen: ☐ Stunden

Warten: ☐ Stunden

Essen: ☐ Stunden

Pläneschmieden: ☐ Stunden

.... ☐ Stunden

Das war heute ☐ der Kracher ☐ völlig daneben: ....

Das habe ich mir heute Gutes getan: ....

Da wäre ich jetzt gerne: ....

Datum: .... Schwangerschaftswoche: ....

So fühle ich mich:

	ja	nein	etwas		ja	nein	etwas
selig	☐	☐	☐	spendabel	☐	☐	☐
lethargisch	☐	☐	☐	grauenhaft	☐	☐	☐
zart	☐	☐	☐	....	☐	☐	☐

Das ist heute liegen geblieben: ....

....

....

.... Finde ich aber total in Ordnung!

Habe ich mich schon ans Schwangersein gewöhnt?

☐ ja total ☐ meistens schon ☐ hmmm

Warum? ....

....

Mein neuester Spleen: ....

....

Wunderbar: ....

....

Sonderbar: ....

....

Datum: .... Schwangerschaftswoche: ....

So fühle ich mich gerade:

	ja	nein	etwas		ja	nein	etwas
entspannt	☐	☐	☐	loyal	☐	☐	☐
galant	☐	☐	☐	flau	☐	☐	☐
mürbe	☐	☐	☐	zurückhaltend	☐	☐	☐
wild	☐	☐	☐	erwachsen	☐	☐	☐
präzise	☐	☐	☐	....	☐	☐	☐

Und so würde ich mich gern einmal wieder fühlen: ....

....

Das macht mich gerade besonders ☐ happy ☐ wütend:

....

....

....

Das war mir ☐ kein ☐ ein bisschen peinlich: ....

....

Weil ....

....

Nörgel, nörgel: ....

....

Datum: ……………… Schwangerschaftswoche: ………

„So fit bin ich:

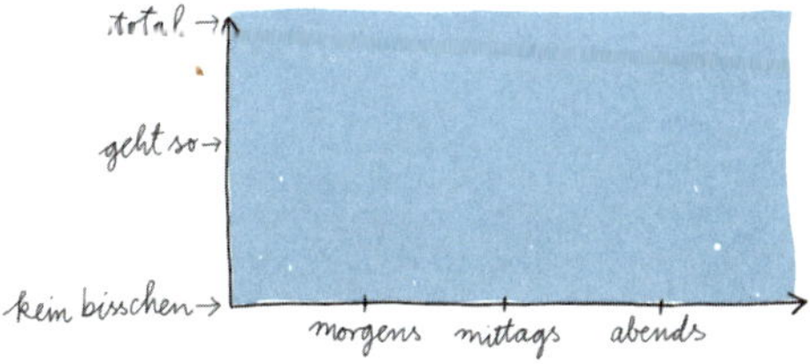

Heute habe ich: ………………………………

Und morgen werde ich: ………………………………

Das war ziemlich ☐ überraschend ☐ frustrierend: ………

Das gefällt mir gerade ☐ ziemlich ☐ nicht so gut am Schwangersein: ………………………………

Gerade fällt es mir ☐ sehr ☐ gar nicht schwer, darauf zu verzichten: ………………………………

Weil ………………………………

Datum: .... Schwangerschaftswoche: ....

Mein liebstes Schwangerschafts-outfit

Der Tag war mein ☐ Freund ☐ Feind

Weil ....

....

....

So möchte ich als Mutter ☐ unbedingt ☐ auf keinen Fall sein: ....

....

So schwanger fühle ich mich: 0% ▭ 100 %

Das war etwas merkwürdig: ....

....

....

Meine Pläne für morgen: ....

....

....

Datum: .... Schwangerschaftswoche: ......

Ich fühle mich:

	ja	nein	etwas		ja	nein	etwas
nachsichtig	☐	☐	☐	wagemutig	☐	☐	☐
beweglich	☐	☐	☐	reif	☐	☐	☐
erhaben	☐	☐	☐	....	☐	☐	☐

Das denke ich genau in diesem Moment: ....

Ohne .... könnte ich gerade nicht leben, weil ....

Würde ich dich nach meinem derzeitigen Lieblingssnack benennen, so wäre dein Name: ....

☐ Total bescheuert! ☐ Eigentlich ganz niedlich.

Mit Menschen telefoniert? ☐ Stück

Lieblingsthemen: ....

Datum: .... Schwangerschaftswoche: ....

So fühle ich mich:

	ja	nein	etwas		ja	nein	etwas
faltig	☐	☐	☐	hauchzart	☐	☐	☐
still	☐	☐	☐	gut umsorgt	☐	☐	☐
geheimnisvoll	☐	☐	☐	anziehend	☐	☐	☐
wuschelig	☐	☐	☐	....	☐	☐	☐

Das lief heute ☐ zäh ☐ wie am Schnürchen: ....

....

....

....

Der Bauch wächst ☐ langsam ☐ rasend schnell

Und so denke ich darüber: ....

....

....

Davon hätte ich gerne mehr: ....

....

Ein ☐ sonderbarer ☐ schöner kleiner Gedanke: ....

....

....

Datum: .... Schwangerschaftswoche: ....

Das sägt gerade an meinen Nerven:

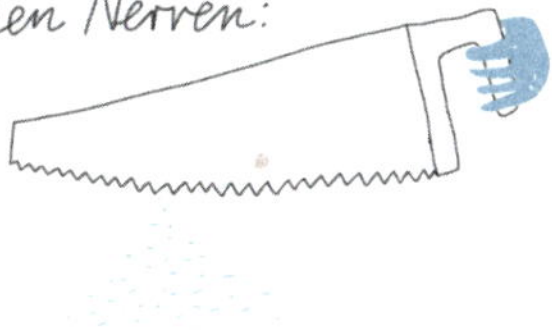

Mein Tag in einem Satz:

Ein schönes Kompliment:

Das finde ich gerade ☐ verwirrend ☐ beruhigend:

Nie wieder:

Aber immer wieder:

Datum: .... Schwangerschaftswoche: ....

Sonderbare Geschmacks-
verwirrungen:

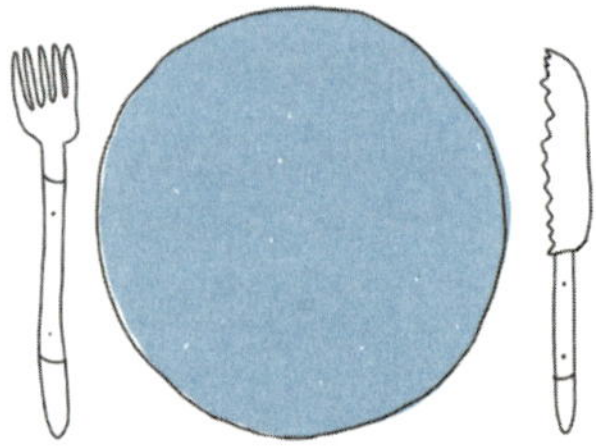

So habe ich den Tag verbracht: ....

....

....

Gerade bin ich
☐ die Ruhe in Person ☐ ein wandelndes Pulverfass
Wie kommts? ....

....

....

Spüre ich schon Bewegungen im Bauch? ☐ ja ☐ nein
Falls ja, so fühlt es sich an: ....

....

Ein Gedanke, der mich glücklich macht: ....

....

....

....

Datum: .... Schwangerschaftswoche: ....

Ich fühle mich gerade:

	ja	nein	etwas		ja	nein	etwas
euphorisch	☐	☐	☐	froh	☐	☐	☐
fit	☐	☐	☐	unförmig	☐	☐	☐
grummelig	☐	☐	☐	stark	☐	☐	☐
sanft	☐	☐	☐	....	☐	☐	☐

Gefällt mir ☐ gar nicht ☐ ziemlich gut: ....

....

....

Wenn ich das höre, ☐ werde ich aufmerksam
☐ könnte ich wirklich durchdrehen:

....

....

....

Ein Glücksmoment: ....

....

....

....

Derzeitiges Aktivitätslevel: 0% [ ] 100 %

Datum: .... Schwangerschaftswoche: ....

So fühle ich mich:

	ja	nein	etwas		ja	nein	etwas
drahtig	☐	☐	☐	besonders	☐	☐	☐
gelangweilt	☐	☐	☐	liebreizend	☐	☐	☐
sexy	☐	☐	☐	....	☐	☐	☐

So habe ich geschlafen: ☐ unglaublich gut ☐ na ja
Details: ....

....

....

Das alles wollte ich heute erledigen: ....

....

....

☐ Hat geklappt. ☐ Hat nicht geklappt, aber macht nichts.

Darüber habe ich mir ☐ noch keine ☐ schon ziemlich viele Gedanken gemacht: ....

....

....

Ich frage mich gerade, ob ....

....

............, oder lieber nicht?

Datum: .... Schwangerschaftswoche: ....

Gelesen und für gut befunden:

So verändert sich mein Körper: ....

....

....

Und so finde ich das: ....

....

....

Meine Lieblingshose ☐ passt noch ☐ wird langsam eng

Das war mir neu: ....

....

....

Da ist mein Herz ☐ gehüpft ☐ in die Hose gerutscht:

....

....

....

....

Datum: .... Schwangerschaftswoche: ....

Achterbahn der Gefühle:

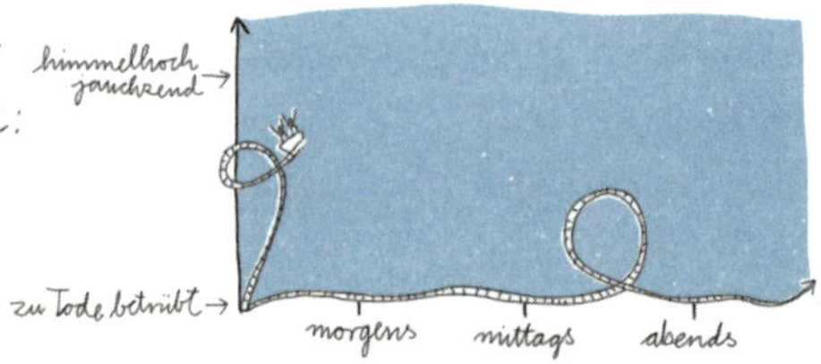

Davon habe ich mich ☐ nicht ☐ leider doch etwas aus der Ruhe bringen lassen: ....

....

....

Meine Laune ist momentan ☐ blendend ☐ unterirdisch, weil ....

....

Über diese Person habe ich mich heute

☐ gefreut ☐ geärgert: ....

Warum? ....

....

Drei Dinge, die mir ein kleines Schmunzeln entlockt haben:

1. ....

2. ....

3. ....

Datum: .... Schwangerschaftswoche: ....

Ich fühle mich

	ja	nein	etwas		ja	nein	etwas
klein	☐	☐	☐	brav	☐	☐	☐
rosig	☐	☐	☐	aufgeräumt	☐	☐	☐
dramatisch	☐	☐	☐	sinnlich	☐	☐	☐
knatschig	☐	☐	☐	....	☐	☐	☐

Das habe ich heute erledigt: ....

....

....

....

Ein kleiner Glücksmoment: ....

....

....

Derzeitiges ☐ Lieblingswort ☐ Lieblingsschimpfwort:

....

So oft nutze ich es etwa: ☐ mal ☐ täglich ☐ stündlich

Oje: ....

Okay: ....

Olé: ....

Datum: .... Schwangerschaftswoche: ....

Ich fühle mich:

	ja	nein	etwas		ja	nein	etwas
zauberhaft	☐	☐	☐	plump	☐	☐	☐
entspannt	☐	☐	☐	fantastisch	☐	☐	☐
waghalsig	☐	☐	☐	genervt	☐	☐	☐
fröhlich	☐	☐	☐	prall	☐	☐	☐
genial	☐	☐	☐	....	☐	☐	☐

Das habe ich heute gelernt: ....

....

....

Mein Gedankenkarussell dreht sich
☐ schnell ☐ langsam um dieses Thema: ....

....

....

Das finde ich komisch: ....

....

....

Das weniger: ....

....

....

Datum: .... Schwangerschaftswoche: ....

Dafür verleihe ich mir einen Orden:

Thema des Tages: ....

....

....

Das gefällt mir ☐ total ☐ gar nicht: ....

....

....

Diesem Emoji sehe ich gerade ähnlich:

Null Bock auf: ....

....

Datum: .... Schwangerschaftswoche: ....

Memo an mich selbst:

Mein Gefühl des Tages: ....

Besondere Vorkommnisse: ....

....

....

....

....

Damit vertreibe ich mir gerade so die Zeit: ....

....

....

So entspannt bin ich: 0% [____________________] 100 %

Ich finde mich ziemlich mutig, weil ....

....

....

Datum: ……………… Schwangerschaftswoche: ………

So fühle ich mich heute:

	ja	nein	etwas		ja	nein	etwas
hübsch	☐	☐	☐	energisch	☐	☐	☐
leuchtend	☐	☐	☐	selbstbewusst	☐	☐	☐
straff	☐	☐	☐	………………	☐	☐	☐

Das war heute außerordentlich ☐ gut ☐ mies: ………

………

………

………

So halte ich mich fit: ………

………

………

……………… hat gesagt, dass ………

………

Das muss ich dringend ☐ berücksichtigen ☐ ignorieren!

Auch das ☐ will ☐ kann ☐ darf ich nicht vergessen:

………

………

………

Datum: .... Schwangerschaftswoche: ....

Ich fühle mich:

	ja	nein	etwas		ja	nein	etwas
gelenkig	☐	☐	☐	liebesbedürftig	☐	☐	☐
happy	☐	☐	☐	verspielt	☐	☐	☐
sorgsam	☐	☐	☐	....	☐	☐	☐

Die Zeit ☐ rast ☐ kriecht gerade, weil ....

....

....

....

Diesen Gedanken möchte ich ☐ bewahren ☐ verdrängen:

....

....

....

So sehr ruhe ich in mir selbst:

vollkommen [   ] kein bisschen

Drei Dinge, die mich zum Grinsen bringen:

1. ....
2. ....
3. ....

Datum: .... Schwangerschaftswoche: ......

Ein ☐ Zitat
☐ Tipp
☐ ungebetener Ratschlag

Heute war ein ☐ toller ☐ ziemlich blöder Tag, weil

Damit habe ich heute am meisten Zeit verbracht:

Und damit am wenigsten:

Gelacht: ☐ mal
Geweint: ☐ mal
Beides gleichzeitig: ☐ mal

Damit bin ich ☐ sehr zufrieden ☐ unzufrieden:

Datum: .... Schwangerschaftswoche: ....

So viel kann ich noch
von meinen Füßen sehen:
(Bauch einzeichnen)

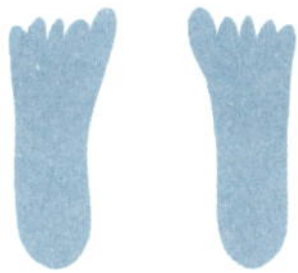

So viel Zeit verbracht mit

Träumen: ☐ Stunden   Lesen: ☐ Stunden
Warten: ☐ Stunden   Essen: ☐ Stunden
Pläneschmieden: ☐ Stunden   .... ☐ Stunden

Das war heute ☐ der Kracher ☐ völlig daneben: ....

....

....

....

Das habe ich mir heute Gutes getan: ....

....

....

Da wäre ich jetzt gerne: ....

....

....

Datum: .... Schwangerschaftswoche: ....

So fühle ich mich:

	ja	nein	etwas		ja	nein	etwas
selig	☐	☐	☐	spendabel	☐	☐	☐
lethargisch	☐	☐	☐	grauenhaft	☐	☐	☐
zart	☐	☐	☐	....	☐	☐	☐

Das ist heute liegen geblieben: ....

....

....

.... Finde ich aber total in Ordnung!

Habe ich mich schon ans Schwangersein gewöhnt?

☐ ja total ☐ meistens schon ☐ hmmm

Warum? ....

....

Mein neuester Spleen: ....

....

Wunderbar: ....

....

Sonderbar: ....

....

Datum: .... Schwangerschaftswoche: ....

So fühle ich mich gerade:

	ja	nein	etwas		ja	nein	etwas
entspannt	☐	☐	☐	loyal	☐	☐	☐
galant	☐	☐	☐	flau	☐	☐	☐
mürbe	☐	☐	☐	zurückhaltend	☐	☐	☐
wild	☐	☐	☐	erwachsen	☐	☐	☐
präzise	☐	☐	☐	....	☐	☐	☐

Und so würde ich mich gern einmal wieder fühlen: ....

....

Das macht mich gerade besonders ☐ happy ☐ wütend:

....

....

....

Das war mir ☐ kein ☐ ein bisschen peinlich: ....

....

Weil ....

....

Nörgel, nörgel: ....

....

Datum: .... Schwangerschaftswoche: ....

So fit bin ich:

Heute habe ich: ....

....

Und morgen werde ich: ....

....

Das war ziemlich ☐ überraschend ☐ frustrierend: ....

....

....

Das gefällt mir gerade ☐ ziemlich ☐ nicht so gut am Schwangersein: ....

....

Gerade fällt es mir ☐ sehr ☐ gar nicht schwer, darauf zu verzichten: ....

Weil ....

....

Datum: .... Schwangerschaftswoche: ....

Mein liebstes Schwangerschafts-outfit

Der Tag war mein ☐ Freund ☐ Feind

Weil ....

....

....

So möchte ich als Mutter ☐ unbedingt ☐ auf keinen Fall sein: ....

....

So schwanger fühle ich mich: 0% [ ] 100 %

Das war etwas merkwürdig: ....

....

....

Meine Pläne für morgen: ....

....

....

Datum: .... Schwangerschaftswoche: ....

Ich fühle mich:

	ja	nein	etwas		ja	nein	etwas
nachsichtig	☐	☐	☐	wagemutig	☐	☐	☐
beweglich	☐	☐	☐	reif	☐	☐	☐
erhaben	☐	☐	☐	....	☐	☐	☐

Das denke ich genau in diesem Moment: ....

....

....

....

....

Ohne .... könnte ich gerade nicht leben, weil ....

....

Würde ich dich nach meinem derzeitigen Lieblingssnack benennen, so wäre dein Name: ....

☐ Total bescheuert! ☐ Eigentlich ganz niedlich.

Mit Menschen telefoniert? ☐ Stück

Lieblingsthemen: ....

....

Datum: .... Schwangerschaftswoche: ....

So fühle ich mich:

	ja	nein	etwas		ja	nein	etwas
faltig	☐	☐	☐	hauchzart	☐	☐	☐
still	☐	☐	☐	gut umsorgt	☐	☐	☐
geheimnisvoll	☐	☐	☐	anziehend	☐	☐	☐
wuschelig	☐	☐	☐	....	☐	☐	☐

Das lief heute ☐ zäh ☐ wie am Schnürchen: ....

....

....

....

Der Bauch wächst ☐ langsam ☐ rasend schnell
Und so denke ich darüber: ....

....

....

Davon hätte ich gerne mehr: ....

....

Ein ☐ sonderbarer ☐ schöner kleiner Gedanke: ....

....

....

Datum: .... Schwangerschaftswoche: ....

Das sägt gerade an meinen Nerven:

Mein Tag in einem Satz: ....

Ein schönes Kompliment: ....

Das finde ich gerade ☐ verwirrend ☐ beruhigend: ....

Nie wieder: ....

Aber immer wieder: ....

Datum: .... Schwangerschaftswoche: ....

Sonderbare Geschmacks-
verwirrungen:

So habe ich den Tag verbracht: ....

....

....

Gerade bin ich
☐ die Ruhe in Person ☐ ein wandelndes Pulverfass
Wie kommts? ....

....

....

Spüre ich schon Bewegungen im Bauch? ☐ ja ☐ nein
Falls ja, so fühlt es sich an: ....

....

Ein Gedanke, der mich glücklich macht: ....

....

....

....

Datum: ………………… Schwangerschaftswoche: …………

Ich fühle mich gerade:

	ja	nein	etwas		ja	nein	etwas
euphorisch	☐	☐	☐	froh	☐	☐	☐
fit	☐	☐	☐	unförmig	☐	☐	☐
grummelig	☐	☐	☐	stark	☐	☐	☐
sanft	☐	☐	☐	…………	☐	☐	☐

Gefällt mir ☐ gar nicht ☐ ziemlich gut: …………………

…………………………………………

…………………………………………

Wenn ich das höre, ☐ werde ich aufmerksam
☐ könnte ich wirklich durchdrehen:

…………………………………………

…………………………………………

…………………………………………

Ein Glücksmoment: …………………

…………………………………………

…………………………………………

…………………………………………

Derzeitiges Aktivitätslevel: 0% ▭ 100 %

Datum: .... Schwangerschaftswoche: ....

So fühle ich mich:

	ja	nein	etwas		ja	nein	etwas
drahtig	☐	☐	☐	besonders	☐	☐	☐
gelangweilt	☐	☐	☐	liebreizend	☐	☐	☐
sexy	☐	☐	☐	....	☐	☐	☐

So habe ich geschlafen: ☐ unglaublich gut ☐ na ja

Details: ....

....

....

Das alles wollte ich heute erledigen: ....

....

....

☐ Hat geklappt. ☐ Hat nicht geklappt, aber macht nichts.

Darüber habe ich mir ☐ noch keine ☐ schon ziemlich viele Gedanken gemacht: ....

....

....

Ich frage mich gerade, ob ....

....

............, oder lieber nicht?

Datum: .... Schwangerschaftswoche: ....

Gelesen und für gut befunden:

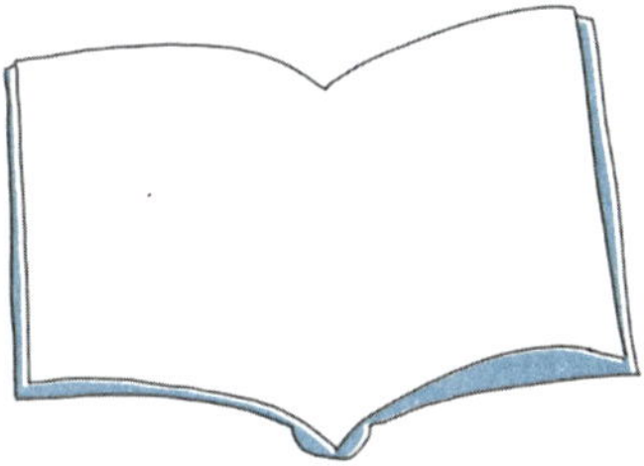

So verändert sich mein Körper: ....

Und so finde ich das: ....

Meine Lieblingshose ☐ passt noch ☐ wird langsam eng

Das war mir neu: ....

Da ist mein Herz ☐ gehüpft ☐ in die Hose gerutscht:

Datum: .... Schwangerschaftswoche: ....

Achterbahn der Gefühle:

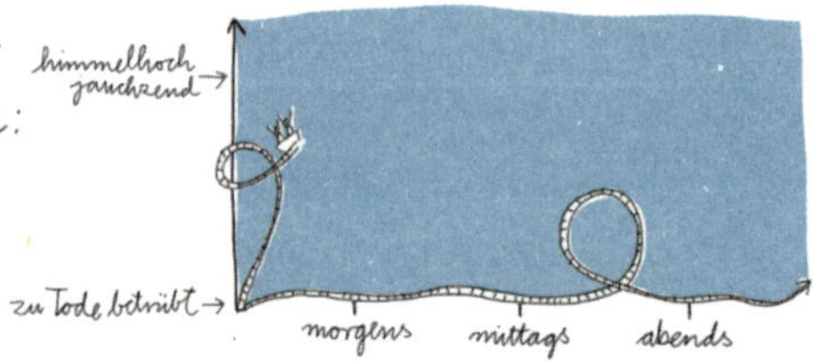

Davon habe ich mich ☐ nicht ☐ leider doch etwas aus der Ruhe bringen lassen: ....

....

....

Meine Laune ist momentan ☐ blendend ☐ unterirdisch, weil ....

....

Über diese Person habe ich mich heute

☐ gefreut ☐ geärgert: ....

Warum? ....

....

Drei Dinge, die mir ein kleines Schmunzeln entlockt haben:

1. ....

2. ....

3. ....

Datum: .... Schwangerschaftswoche: ....

Ich fühle mich

	ja	nein	etwas		ja	nein	etwas
klein	☐	☐	☐	brav	☐	☐	☐
rosig	☐	☐	☐	aufgeräumt	☐	☐	☐
dramatisch	☐	☐	☐	sinnlich	☐	☐	☐
knatschig	☐	☐	☐	....	☐	☐	☐

Das habe ich heute erledigt: ....

Ein kleiner Glücksmoment: ....

Derzeitiges ☐ Lieblingswort ☐ Lieblingsschimpfwort:

....

So oft nutze ich es etwa: ☐ mal ☐ täglich ☐ stündlich

Oje: ....

Okay: ....

Olé: ....

Datum: .... Schwangerschaftswoche: ....

Ich fühle mich:

	ja	nein	etwas		ja	nein	etwas
zauberhaft	☐	☐	☐	plump	☐	☐	☐
entspannt	☐	☐	☐	fantastisch	☐	☐	☐
waghalsig	☐	☐	☐	genervt	☐	☐	☐
fröhlich	☐	☐	☐	prall	☐	☐	☐
genial	☐	☐	☐	....	☐	☐	☐

Das habe ich heute gelernt: ....

....

....

Mein Gedankenkarussell dreht sich
☐ schnell ☐ langsam um dieses Thema: ....

....

....

Das finde ich komisch: ....

....

....

Das weniger: ....

....

....

Datum: .... Schwangerschaftswoche: ....

Dafür verleihe ich mir einen Orden:

Thema des Tages: ....

....

....

Das gefällt mir ☐ total ☐ gar nicht: ....

....

....

Diesem Emoji sehe ich gerade ähnlich:

Null Bock auf: ....

....

Datum: .... Schwangerschaftswoche: ....

Memo an mich selbst:

Mein Gefühl des Tages: ....

Besondere Vorkommnisse: ....

....

....

....

....

Damit vertreibe ich mir gerade so die Zeit: ....

....

....

So entspannt bin ich: 0% ▭ 100 %

Ich finde mich ziemlich mutig, weil ....

....

....

Datum: .... Schwangerschaftswoche: ....

So fühle ich mich heute:

	ja	nein	etwas		ja	nein	etwas
hübsch	☐	☐	☐	energisch	☐	☐	☐
leuchtend	☐	☐	☐	selbstbewusst	☐	☐	☐
straff	☐	☐	☐	....	☐	☐	☐

Das war heute außerordentlich ☐ gut ☐ mies: ....

....

....

....

So halte ich mich fit: ....

....

....

.... hat gesagt, dass ....

....

Das muss ich dringend ☐ berücksichtigen ☐ ignorieren!

Auch das ☐ will ☐ kann ☐ darf ich nicht vergessen:

....

....

....

Datum: .... Schwangerschaftswoche: ....

Ich fühle mich:

	ja	nein	etwas		ja	nein	etwas
gelenkig	☐	☐	☐	liebesbedürftig	☐	☐	☐
happy	☐	☐	☐	verspielt	☐	☐	☐
sorgsam	☐	☐	☐	....	☐	☐	☐

Die Zeit ☐ rast ☐ kriecht gerade, weil ....

Diesen Gedanken möchte ich ☐ bewahren ☐ verdrängen:

So sehr ruhe ich in mir selbst:

vollkommen [▬▬▬▬▬▬▬▬▬▬] kein bisschen

Drei Dinge, die mich zum Grinsen bringen:

1. ....
2. ....
3. ....

Datum: .... Schwangerschaftswoche: ....

Ein ☐ Zitat
☐ Tipp
☐ ungebetener Ratschlag

Heute war ein ☐ toller ☐ ziemlich blöder Tag, weil

Damit habe ich heute am meisten Zeit verbracht:

Und damit am wenigsten:

Gelacht: ☐ mal
Geweint: ☐ mal
Beides gleichzeitig: ☐ mal

Damit bin ich ☐ sehr zufrieden ☐ unzufrieden:

Datum: .... Schwangerschaftswoche: ....

So viel kann ich noch
von meinen Füßen sehen:
(Bauch einzeichnen)

So viel Zeit verbracht mit

Träumen: ☐ Stunden
Warten: ☐ Stunden
Pläneschmieden: ☐ Stunden
Lesen: ☐ Stunden
Essen: ☐ Stunden
.... ☐ Stunden

Das war heute ☐ der Kracher ☐ völlig daneben: ....

Das habe ich mir heute Gutes getan: ....

Da wäre ich jetzt gerne: ....

Datum: .... Schwangerschaftswoche: ....

So fühle ich mich:

	ja	nein	etwas		ja	nein	etwas
selig	☐	☐	☐	spendabel	☐	☐	☐
lethargisch	☐	☐	☐	grauenhaft	☐	☐	☐
zart	☐	☐	☐	....	☐	☐	☐

Das ist heute liegen geblieben: ....

....

....

.... Finde ich aber total in Ordnung!

Habe ich mich schon ans Schwangersein gewöhnt?

☐ ja total ☐ meistens schon ☐ hmmm

Warum? ....

....

Mein neuester Spleen: ....

....

Wunderbar: ....

....

Sonderbar: ....

....

Datum: .... Schwangerschaftswoche: ....

So fühle ich mich gerade:

	ja	nein	etwas		ja	nein	etwas
entspannt	☐	☐	☐	loyal	☐	☐	☐
galant	☐	☐	☐	flau	☐	☐	☐
mürbe	☐	☐	☐	zurückhaltend	☐	☐	☐
wild	☐	☐	☐	erwachsen	☐	☐	☐
präzise	☐	☐	☐	....	☐	☐	☐

Und so würde ich mich gern einmal wieder fühlen: ....

Das macht mich gerade besonders ☐ happy ☐ wütend:

Das war mir ☐ kein ☐ ein bisschen peinlich: ....

Weil ....

Nörgel, nörgel: ....

Datum: ____________ Schwangerschaftswoche: ________

So fit bin ich:

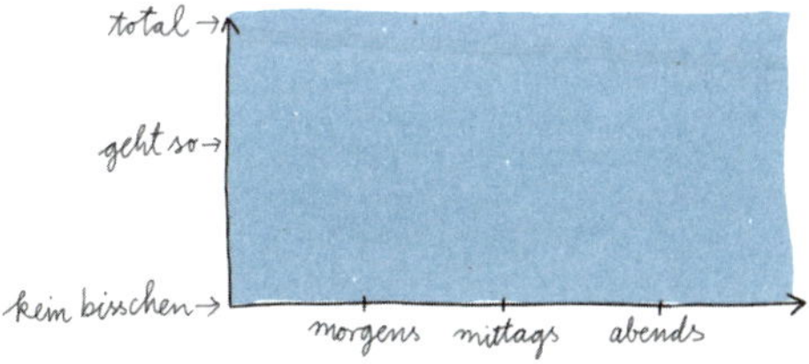

Heute habe ich: ____________________

____

Und morgen werde ich: ____________________

____

Das war ziemlich ☐ überraschend ☐ frustrierend: ____________________

____

____

Das gefällt mir gerade ☐ ziemlich ☐ nicht so gut am Schwangersein: ____________________

____

Gerade fällt es mir ☐ sehr ☐ gar nicht schwer, darauf zu verzichten: ____________________

Weil ____________________

____

Datum: .... Schwangerschaftswoche: ....

Mein liebstes Schwangerschafts-outfit

Der Tag war mein ☐ Freund ☐ Feind

Weil ....

....

....

So möchte ich als Mutter ☐ unbedingt ☐ auf keinen Fall sein: ....

....

So schwanger fühle ich mich: 0%  100 %

Das war etwas merkwürdig: ....

....

....

Meine Pläne für morgen: ....

....

....

Datum: .... Schwangerschaftswoche: ....

Ich fühle mich:

	ja	nein	etwas		ja	nein	etwas
nachsichtig	☐	☐	☐	wagemutig	☐	☐	☐
beweglich	☐	☐	☐	reif	☐	☐	☐
erhaben	☐	☐	☐	....	☐	☐	☐

Das denke ich genau in diesem Moment: ....

Ohne .... könnte ich gerade nicht leben, weil ....

Würde ich dich nach meinem derzeitigen Lieblingssnack benennen, so wäre dein Name: ....

☐ Total bescheuert! ☐ Eigentlich ganz niedlich.

Mit Menschen telefoniert? ☐ Stück

Lieblingsthemen: ....

Datum: .... Schwangerschaftswoche: ....

So fühle ich mich:

	ja	nein	etwas		ja	nein	etwas
faltig	☐	☐	☐	hauchzart	☐	☐	☐
still	☐	☐	☐	gut umsorgt	☐	☐	☐
geheimnisvoll	☐	☐	☐	anziehend	☐	☐	☐
wuschelig	☐	☐	☐	....	☐	☐	☐

Das lief heute ☐ zäh ☐ wie am Schnürchen: ....

....

....

....

Der Bauch wächst ☐ langsam ☐ rasend schnell
Und so denke ich darüber: ....

....

....

Davon hätte ich gerne mehr: ....

....

Ein ☐ sonderbarer ☐ schöner kleiner Gedanke: ....

....

....

Datum: .... Schwangerschaftswoche: ....

Das sägt gerade
an meinen Nerven:

Mein Tag in einem Satz: ....

Ein schönes Kompliment: ....

Das finde ich gerade ☐ verwirrend ☐ beruhigend: ....

Nie wieder: ....

Aber immer wieder: ....

Platz für Gefühlschaos und Gedankenwirrwarr

Stand der Dinge 2

Seit 28 Wochen bin ich schon schwanger und fühle mich
☐ außerordentlich gut ☐ erschöpft ☐ ....

Auf einer Skala von 1-10 gebe ich dieser Schwangerschaft

1	2	3	4	5	6	7	8	9	10

Weil ....

Den ersten Tritt habe ich gefühlt am ....
So war das: ☐ Wahnsinn! ☐ seltsam
Details: ....

Dieser Name ist mein absoluter Favorit: ....

Und das sagt .... dazu: ....

Jetzt sind es noch etwa ☐ ☐ Tage ☐ Wochen, bis du bei mir bist. Ich ☐ kann es kaum erwarten ☐ habe noch sooooo viel zu erledigen vorher, nämlich das: ....

So war die letzte Vorsorgeuntersuchung: ....

Das konnte man auf dem Ultraschall schon gut erkennen:

Du wiegst jetzt ca. ☐ Gramm und bist ☐ cm lang.

Jetzt beginnt schon das letzte Schwangerschaftsdrittel!

Das packe ich in die Kliniktasche

Hygiene
Wertsachen
Snacks!!
für dich
Dokumente

So richte ich unser Nest ein

Das Kinderzimmer

Anschaffungen fürs Baby

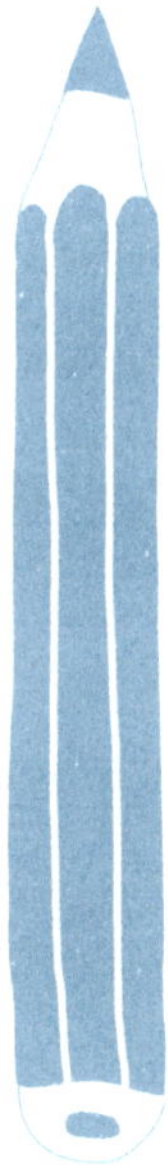

Noch erledigen:

Datum: .... Schwangerschaftswoche: ....

Ich fühle mich:

	ja	nein	etwas		ja	nein	etwas
süß	☐	☐	☐	stark	☐	☐	☐
unerschütterlich	☐	☐	☐	schweigsam	☐	☐	☐
fleißig	☐	☐	☐	befreit	☐	☐	☐
sauber	☐	☐	☐	achtsam	☐	☐	☐
ängstlich	☐	☐	☐	....	☐	☐	☐

Das ist ziemlich toll gerade: ....

....

....,

aber ein bisschen meckern ist auch erlaubt: ....

....

....

Davon träum ich ☐ nachts ☐ tagsüber: ....

....

....

Drei Dinge, die ich noch erledigen ☐ muss ☐ sollte:

1. ....
2. ....
3. ....

Datum: .... Schwangerschaftswoche: ....

Das geht mir auf den Keks:

So schwanger fühle ich mich gerade:

0 % 1000 %

Ugh, Hormone! ....

....

....

Da ziept es gerade: ....

....

....

☐ Fühlt sich eigentlich ganz gut an ☐ AUA!

Das ist gerade meine liebste Ablenkung bei Ungeduld:

....

....

....

Datum: .... Schwangerschaftswoche: ....

Davon kann ich nicht genug kriegen:

Das überwiegt gerade: > oder <

Vorfreude ☐ Anspannung

Aktivität ☐ Couchleben

Verstand ☐ Hormone

Kurze Zusammenfassung des Tages: ....

....

....

....

Meine Gedanken teile ich ☐ mit niemandem ☐ mit .... am liebsten. Und wieso? ....

....

Auf diese Frage hätte ich gerade gerne eine Antwort:

....

....

Datum: .... Schwangerschaftswoche: ....

So fühle ich mich:

	ja	nein	etwas		ja	nein	etwas
erfreut	☐	☐	☐	wortgewandt	☐	☐	☐
umtriebig	☐	☐	☐	sportlich	☐	☐	☐
träge	☐	☐	☐	....	☐	☐	☐

Diese kleine Auszeit habe ich mir heute gegönnt: ....

....

....

....

Wenn du da bist, werde ich ☐ auf jeden ☐ auf keinen Fall ....

....

Der größte Blödsinn, den ich mir ☐ heute ☐ kürzlich anhören musste: ....

....

Kam von: ....

Morgen könnte ich doch mal: ....

....

....

Datum: .... Schwangerschaftswoche: ......

Ich fühle mich:

	ja	nein	etwas		ja	nein	etwas
zufrieden	☐	☐	☐	scharfzüngig	☐	☐	☐
magisch	☐	☐	☐	standfest	☐	☐	☐
unbesiegbar	☐	☐	☐	....	☐	☐	☐

Mein Tag war ☐ gut ☐ mittel ☐ schlecht

Weil ....

....

....

....

Vorfreude: 0% [   ] 100%

Das möchte ich noch für ☐ mich ☐ dich besorgen: ....

....

....

....

Ich bin ein bisschen enttäuscht von ....

.... , weil ....

....

....

Datum: .... Schwangerschaftswoche: ....

Zur Vorbeugung der Schwangerschaftsdemenz:

Das war heute richtig gut: ....

....

....

....

....

Klitzekleine Krise, weil ....

....

Aber das macht gerade echt Spaß: ....

....

....

....

Das will ich haben: ....

....

.... Und zwar JETZT SOFORT!!!

Datum: .... Schwangerschaftswoche: ....

Das habe ich schon mal auf meinem Bauch abgestellt:

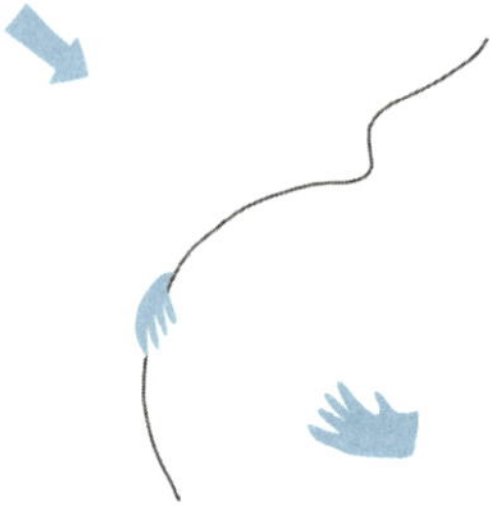

Ich träume davon, dass ....

Nervös? 0% ______ 100%

Was mich gerade tooooooooootal glücklich macht: ....

Bevor du da bist, möchte ich gerne noch ....

Datum: .... Schwangerschaftswoche: ....

So fühle ich mich:

	ja	nein	etwas		ja	nein	etwas
crazy	☐	☐	☐	laut	☐	☐	☐
schüchtern	☐	☐	☐	himmlisch	☐	☐	☐
mäkelig	☐	☐	☐	....	☐	☐	☐

Da wäre ich jetzt viel lieber als hier: ....

....

....

Bewegungen, die ich heute gespürt habe: ....

....

Mit Menschen gesprochen? ☐ ja ☐ nein

Worüber? ....

....

Puh: ....

Juhu: ....

....

Das vermisse ich gerade: ....

....

Datum: .... Schwangerschaftswoche: ....

Ich, heute:

	stimmt	stimmt nicht
Ich bin die Ruhe in Person.	☐	☐
Ich bin sehr aktiv.	☐	☐
Ich stecke voller Energie.	☐	☐
Mir tut nichts weh.	☐	☐
Mir kann KEINER was!!	☐	☐

So war mein Tag: ....

....

....

Darüber mache ich mir ☐ keine ☐ ein wenig Sorgen:

....

....

Weil ....

....

Das würde ich dir gerade gerne sagen: ....

....

....

....

....

Datum: .... Schwangerschaftswoche: ....

So viel kann ich noch
von meinen Füßen sehen:
(Bauch einzeichnen)

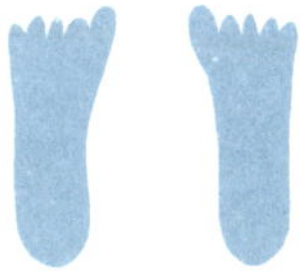

So viele Nickerchen habe ich heute gemacht: ☐ Stück
Bestes Nickerchen: ....

....

Das gefällt mir heute ☐ ziemlich ☐ nicht so gut am
Schwangersein: ....

....

Das wird langsam anstrengend: ....

....

....

Ich sollte mehr ....

....

und dafür weniger ....
Weil ....

....

Datum: .... Schwangerschaftswoche: ....

Dafür verdiene ich den Weltpokal:

Ich brauche dringend mehr ....

....

und weniger ....

....

Signale aus dem Bauch: ☐ Schluckauf ☐ Tritte
☐ Sonstige: ....

So oft denke ich an die Geburt:
☐ kaum ☐ gelegentlich ☐ ca. ☐ mal am Tag

Der Höhepunkt des Tages: ....

....

....

....

....

Datum: .... Schwangerschaftswoche: ....

Heute bin ich:

	ja	nein	etwas		ja	nein	etwas
warmherzig	☐	☐	☐	genügsam	☐	☐	☐
spitzfindig	☐	☐	☐	dramatisch	☐	☐	☐
plump	☐	☐	☐	steif	☐	☐	☐
großzügig	☐	☐	☐	....	☐	☐	☐

Das geht mir durch den Kopf: ....

....

....

Darüber musste ich ☐ heute ☐ kürzlich
☐ total lachen ☐ ein bisschen weinen: ....

....

....

So glücklich bin ich:

0% [ ] 100%

Und sonst so? ....

....

....

....

Datum: .... Schwangerschaftswoche: ....

So fühle ich mich:

	ja	nein	etwas		ja	nein	etwas
herrlich	☐	☐	☐	diszipliniert	☐	☐	☐
trampelig	☐	☐	☐	zurückgezogen	☐	☐	☐
schlau	☐	☐	☐	gutmütig	☐	☐	☐
unbeirrbar	☐	☐	☐	....	☐	☐	☐

Heute war ein ☐ toller ☐ normaler ☐ irrelevanter Tag, weil ....

....

....

Party im Bauch gibt es meistens

☐ morgens ☐ mittags ☐ abends ☐ nachts

Details: ....

....

Yay! ....

Nope. ....

Meine Freunde sagen, ich sehe aus wie ....

....................,

☐ aber das stimmt nicht. ☐ und sie haben recht.

Datum: .... Schwangerschaftswoche: ....

Energie:

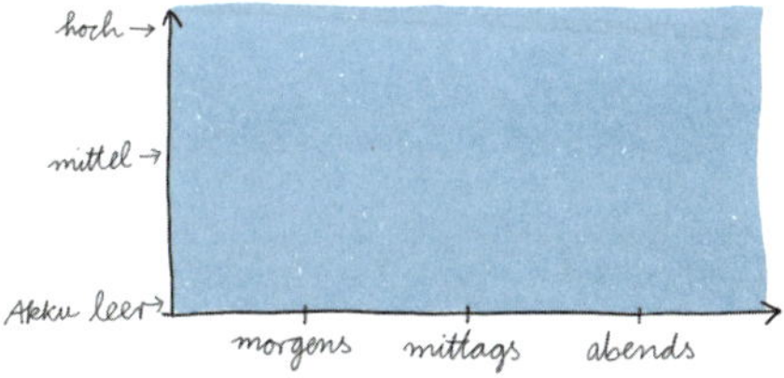

Das Thema meines Tages: ....

....

....

Das Netteste, das in der letzten Zeit jemand

☐ für mich getan ☐ zu mir gesagt hat: ....

....

....

Zipperlein? ☐ ja ☐ nein ☐ geht so

Falls ja, diese: ....

....

Ich wünsche mir ....

....

....

....

Datum: .... Schwangerschaftswoche: ....

So liegst du in meinem Bauch:

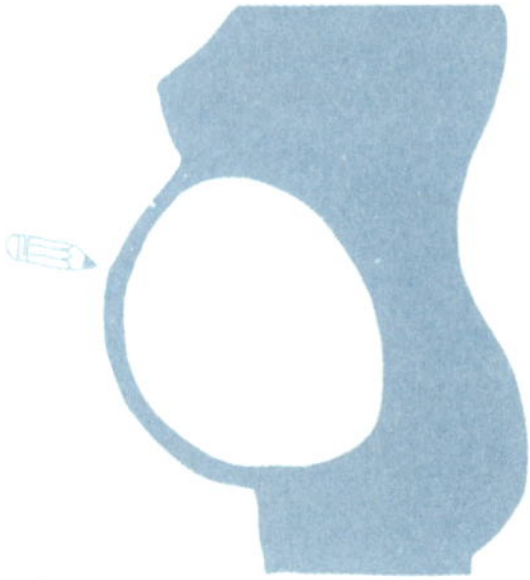

Schönster Gedanke des Tages: ....

Ich fühle mich gerade wie ☐ eine ☐ ein ....

Weil ....

Mist, das passt nicht mehr: ....

Ich ☐ sollte ☐ müsste ☐ könnte mal wieder ....

Datum: ………………… Schwangerschaftswoche: ………

Ich fühle mich:

	ja	nein	etwas		ja	nein	etwas
hübsch	☐	☐	☐	elefantös	☐	☐	☐
drömelig	☐	☐	☐	freudestrahlend	☐	☐	☐
unwirklich	☐	☐	☐	verständnisvoll	☐	☐	☐
geplagt	☐	☐	☐	…………	☐	☐	☐

Das habe ich alles geschafft heute: …………………

…………………………………………

…………………………………………

…………………………………………

Daran waren (natürlich!) die Hormone schuld: ………

…………………………………………

…………………………………………

Hoffentlich ☐ erbst du ☐ erbst du nicht ☐ mein ☐ meine

…………………………………………

Drei Dinge, auf die ich mich freue:

1. …………………………………………
2. …………………………………………
3. …………………………………………

Datum: .... Schwangerschaftswoche: ....

So fühle ich mich:

	ja	nein	etwas		ja	nein	etwas
charmant	☐	☐	☐	unbesorgt	☐	☐	☐
markant	☐	☐	☐	interessant	☐	☐	☐
verliebt	☐	☐	☐	offenherzig	☐	☐	☐
abgeklärt	☐	☐	☐	tolerant	☐	☐	☐
verwirrt	☐	☐	☐	....	☐	☐	☐

Das habe ich heute erledigt: ....

Daran habe ich heute am häufigsten gedacht: ....

Das möchte ich nicht vergessen: ....

Und das würde ich gerne vergessen: ....

Ich finde es ☐ beruhigend ☐ beunruhigend, dass ....

Datum: ………… Schwangerschaftswoche: …………

So sieht mein
Schatten aus:

Das war heute ☐ toll ☐ suboptimal: …………

…………

…………

…………

Darüber muss ich jedes Mal ☐ lachen ☐ weinen: …………

…………

…………

Ich freue mich auf die Geburt, ☐ weil ☐ obwohl …………

…………

…………

So genervt bin ich: 0% ▭ 100%

HURRA: …………

…………

Datum: .... Schwangerschaftswoche: ....

Mein Tag als Tortendiagramm:

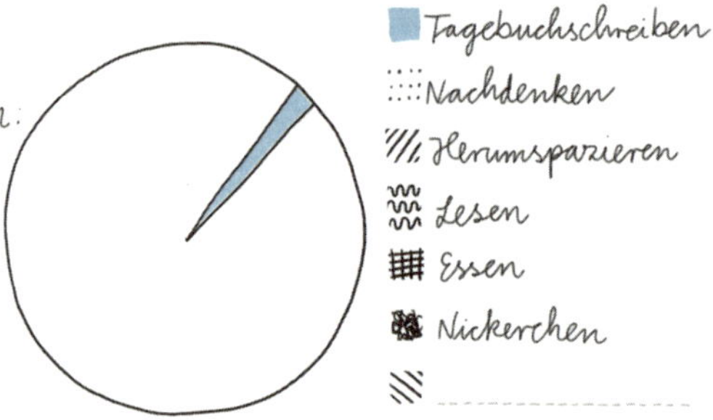

Breaking news – mein Tag als Zeitungs-Schlagzeile: ....

Nestbautrieb … ☐ Ich? Niemals! ☐ komplett ausgeufert

Neueste Anschaffung für dich: ....

Darüber mache ich mir gerade

☐ keine ☐ mittlere ☐ große Sorgen: ....

Das kann doch wirklich nicht wahr sein! ....

Datum: .... Schwangerschaftswoche: ....

Ich fühle mich:

	ja	nein	etwas		ja	nein	etwas
ausgeflippt	☐	☐	☐	freigebig	☐	☐	☐
sympathisch	☐	☐	☐	behände	☐	☐	☐
fesselnd	☐	☐	☐	....	☐	☐	☐

Der Tag in drei Worten:

So stelle ich mir unsere ersten gemeinsamen Augenblicke vor: ....

Das habe ich trotz dickem Bauch ziemlich gut hinbekommen: ....

Bin ich bereit für das, was auf mich zukommt? ....

Datum: .... Schwangerschaftswoche: ....

Ich fühle mich:

	ja	nein	etwas		ja	nein	etwas
süß	☐	☐	☐	stark	☐	☐	☐
unerschütterlich	☐	☐	☐	schweigsam	☐	☐	☐
fleißig	☐	☐	☐	befreit	☐	☐	☐
sauber	☐	☐	☐	achtsam	☐	☐	☐
ängstlich	☐	☐	☐	....	☐	☐	☐

Das ist ziemlich toll gerade: ....

....

............,

aber ein bisschen meckern ist auch erlaubt: ....

....

....

Davon träum ich ☐ nachts ☐ tagsüber: ....

....

....

Drei Dinge, die ich noch erledigen ☐ muss ☐ sollte:

1. ....
2. ....
3. ....

Datum: .... Schwangerschaftswoche: ....

Das geht mir auf den Keks:

So schwanger fühle ich mich gerade:

0 % [ ] 1000 %

Ugh, Hormone! ....

....

....

Da ziept es gerade: ....

....

....

☐ Fühlt sich eigentlich ganz gut an ☐ AUA!

Das ist gerade meine liebste Ablenkung bei Ungeduld:

....

....

....

Datum: .... Schwangerschaftswoche: ......

Davon kann ich nicht genug kriegen:

Das überwiegt gerade: > oder <

Vorfreude ☐ Anspannung
Aktivität ☐ Couchleben
Verstand ☐ Hormone

Kurze Zusammenfassung des Tages: ....

Meine Gedanken teile ich ☐ mit niemandem ☐ mit .... am liebsten. Und wieso? ....

Auf diese Frage hätte ich gerade gerne eine Antwort:

Datum: .... Schwangerschaftswoche: ....

So fühle ich mich:

	ja	nein	etwas		ja	nein	etwas
erfreut	☐	☐	☐	wortgewandt	☐	☐	☐
umtriebig	☐	☐	☐	sportlich	☐	☐	☐
träge	☐	☐	☐	....	☐	☐	☐

Diese kleine Auszeit habe ich mir heute gegönnt: ....

....

....

....

Wenn du da bist, werde ich ☐ auf jeden ☐ auf keinen Fall ....

....

Der größte Blödsinn, den ich mir ☐ heute ☐ kürzlich anhören musste: ....

....

Kam von: ....

Morgen könnte ich doch mal: ....

....

....

Datum: .... Schwangerschaftswoche: ....

Ich fühle mich:

	ja	nein	etwas		ja	nein	etwas
zufrieden	☐	☐	☐	scharfzüngig	☐	☐	☐
magisch	☐	☐	☐	standfest	☐	☐	☐
unbesiegbar	☐	☐	☐	....	☐	☐	☐

Mein Tag war ☐ gut ☐ mittel ☐ schlecht

Weil ....

....

....

....

Vorfreude: 0% [   ] 100 %

Das möchte ich noch für ☐ mich ☐ dich besorgen: ....

....

....

....

Ich bin ein bisschen enttäuscht von ....

................................, weil ....

....

....

Datum: .... Schwangerschaftswoche: ....

Zur Vorbeugung der Schwangerschaftsdemenz:

Das war heute richtig gut: ....

....

....

....

....

Klitzekleine Krise, weil ....

....

Aber das macht gerade echt Spaß: ....

....

....

....

Das will ich haben: ....

....

.... Und zwar JETZT SOFORT!!!

Datum: Schwangerschaftswoche:

Das habe ich schon mal auf meinem Bauch abgestellt:

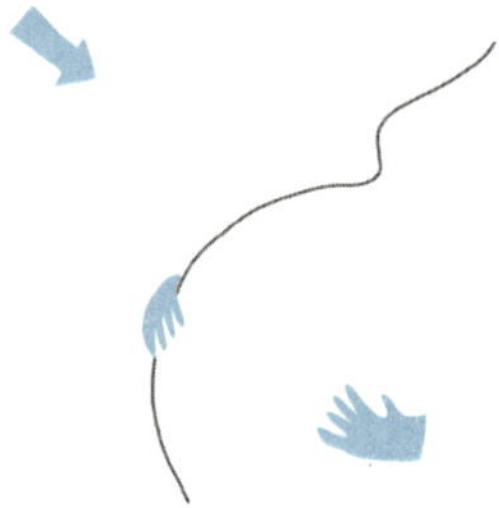

Ich träume davon, dass

Nervös? 0% 100%

Was mich gerade tooooooooootal glücklich macht:

Bevor du da bist, möchte ich gerne noch

Datum: .... Schwangerschaftswoche: ....

So fühle ich mich:

	ja	nein	etwas		ja	nein	etwas
crazy	☐	☐	☐	laut	☐	☐	☐
schüchtern	☐	☐	☐	himmlisch	☐	☐	☐
mäkelig	☐	☐	☐	....	☐	☐	☐

Da wäre ich jetzt viel lieber als hier: ....

Bewegungen, die ich heute gespürt habe: ....

Mit Menschen gesprochen? ☐ ja ☐ nein
Worüber? ....

Puh: ....
Juhu: ....

Das vermisse ich gerade: ....

Datum: .... Schwangerschaftswoche: ....

Ich, heute:

	stimmt	stimmt nicht
Ich bin die Ruhe in Person.	☐	☐
Ich bin sehr aktiv.	☐	☐
Ich stecke voller Energie.	☐	☐
Mir tut nichts weh.	☐	☐
Mir kann KEINER was!!	☐	☐

So war mein Tag: ....

....

....

Darüber mache ich mir ☐ keine ☐ ein wenig Sorgen:

....

....

Weil ....

....

Das würde ich dir gerade gerne sagen: ....

....

....

....

....

Datum: ______ Schwangerschaftswoche: ______

So viel kann ich noch
von meinen Füßen sehen:
(Bauch einzeichnen)

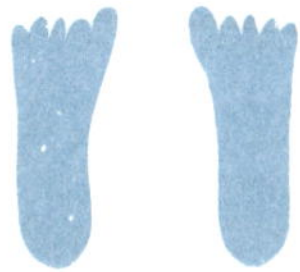

So viele Nickerchen habe ich heute gemacht: ☐ Stück
Bestes Nickerchen: ______

Das gefällt mir heute ☐ ziemlich ☐ nicht so gut am
Schwangersein: ______

Das wird langsam anstrengend: ______

Ich sollte mehr ______

und dafür weniger ______
Weil ______

Datum: .... Schwangerschaftswoche: ......

Dafür verdiene ich den Weltpokal:

Ich brauche dringend mehr ....

....

und weniger ....

....

Signale aus dem Bauch: ☐ Schluckauf ☐ Tritte

☐ Sonstige: ....

So oft denke ich an die Geburt:

☐ kaum ☐ gelegentlich ☐ ca. ☐ mal am Tag

Der Höhepunkt des Tages: ....

....

....

....

....

Datum: .... Schwangerschaftswoche: ....

Heute bin ich:

	ja	nein	etwas		ja	nein	etwas
warmherzig	☐	☐	☐	genügsam	☐	☐	☐
spitzfindig	☐	☐	☐	dramatisch	☐	☐	☐
plump	☐	☐	☐	steif	☐	☐	☐
großzügig	☐	☐	☐	....	☐	☐	☐

Das geht mir durch den Kopf: ....

....

....

Darüber musste ich ☐ heute ☐ kürzlich
☐ total lachen ☐ ein bisschen weinen: ....

....

....

So glücklich bin ich:

0% [ ] 100%

Und sonst so? ....

....

....

....

Datum: .... Schwangerschaftswoche: ....

So fühle ich mich:

	ja	nein	etwas		ja	nein	etwas
herrlich	☐	☐	☐	diszipliniert	☐	☐	☐
trampelig	☐	☐	☐	zurückgezogen	☐	☐	☐
schlau	☐	☐	☐	gutmütig	☐	☐	☐
unbeirrbar	☐	☐	☐	....	☐	☐	☐

Heute war ein ☐ toller ☐ normaler ☐ irrelevanter Tag, weil ....

....

....

Party im Bauch gibt es meistens
☐ morgens ☐ mittags ☐ abends ☐ nachts
Details: ....

....

Yay! ....
Nope. ....

Meine Freunde sagen, ich sehe aus wie ....

....,

☐ aber das stimmt nicht. ☐ und sie haben recht.

Datum: .... Schwangerschaftswoche: ....

Energie:

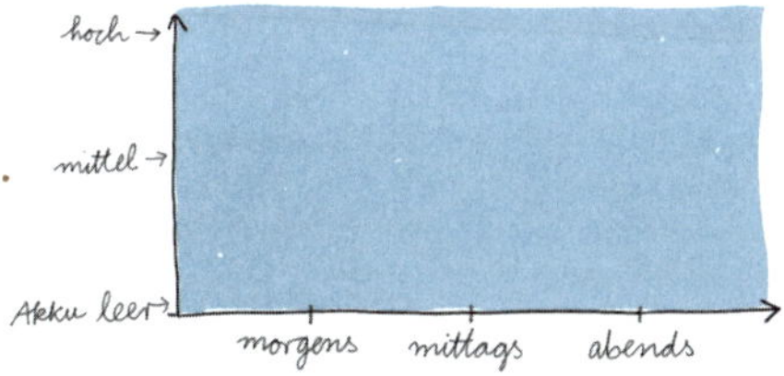

Das Thema meines Tages:

Das Netteste, das in der letzten Zeit jemand
☐ für mich getan ☐ zu mir gesagt hat:

Zipperlein? ☐ ja ☐ nein ☐ geht so
Falls ja, diese:

Ich wünsche mir

Datum: ………………… Schwangerschaftswoche: …………

So liegst du in meinem Bauch:

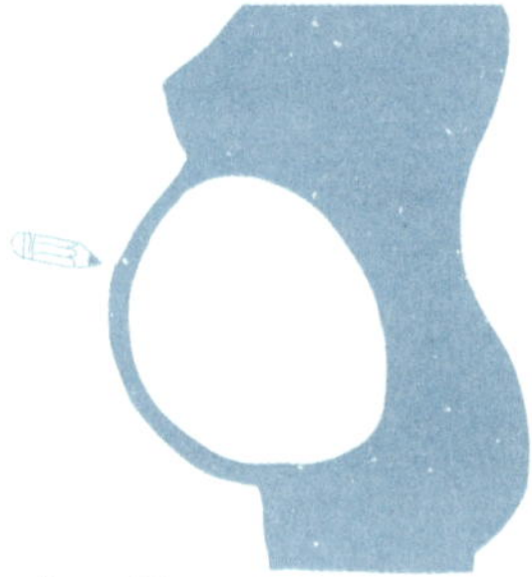

Schönster Gedanke des Tages: …………

Ich fühle mich gerade wie ☐ eine ☐ ein …………

Weil …………

Mist, das passt nicht mehr: …………

Ich ☐ sollte ☐ müsste ☐ könnte mal wieder …………

Datum: .... Schwangerschaftswoche: ....

Ich fühle mich:

	ja	nein	etwas		ja	nein	etwas
hübsch	☐	☐	☐	elefantös	☐	☐	☐
drömelig	☐	☐	☐	freudestrahlend	☐	☐	☐
unwirklich	☐	☐	☐	verständnisvoll	☐	☐	☐
geplagt	☐	☐	☐	....	☐	☐	☐

Das habe ich alles geschafft heute: ....

....

....

....

Daran waren (natürlich!) die Hormone schuld: ....

....

....

Hoffentlich ☐ erbst du ☐ erbst du nicht ☐ mein ☐ meine

....

Drei Dinge, auf die ich mich freue:

1. ....
2. ....
3. ....

Datum: .... Schwangerschaftswoche: ....

So fühle ich mich:

	ja	nein	etwas		ja	nein	etwas
charmant	☐	☐	☐	unbesorgt	☐	☐	☐
markant	☐	☐	☐	interessant	☐	☐	☐
verliebt	☐	☐	☐	offenherzig	☐	☐	☐
abgeklärt	☐	☐	☐	tolerant	☐	☐	☐
verwirrt	☐	☐	☐	....	☐	☐	☐

Das habe ich heute erledigt: ....

....

....

Daran habe ich heute am häufigsten gedacht: ....

....

Das möchte ich nicht vergessen: ....

....

Und das würde ich gerne vergessen: ....

....

Ich finde es ☐ beruhigend ☐ beunruhigend, dass ....

....

....

Datum: .... Schwangerschaftswoche: ....

So sieht mein
Schatten aus:

Das war heute ☐ toll ☐ suboptimal: ....

....

....

....

Darüber muss ich jedes Mal ☐ lachen ☐ weinen: ....

....

....

Ich freue mich auf die Geburt, ☐ weil ☐ obwohl ....

....

....

So genervt bin ich: 0% [____________________] 100%

HURRA: ....

....

Datum: .... Schwangerschaftswoche: ....

Mein Tag als Tortendiagramm:

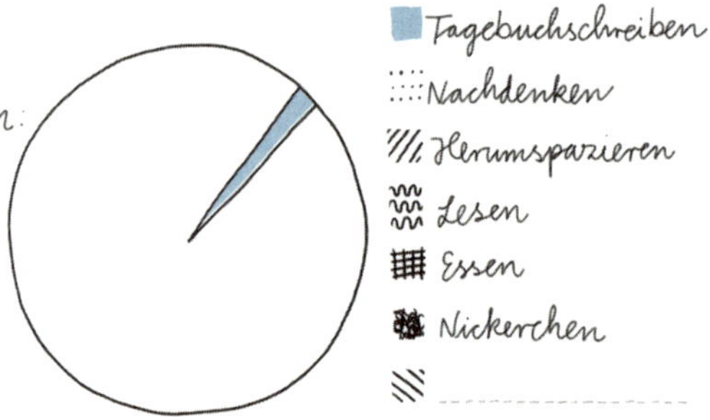

Breaking news – mein Tag als Zeitungs-Schlagzeile: ....

....

....

Nestbautrieb ... ☐ Ich? Niemals! ☐ komplett ausgeufert

Neueste Anschaffung für dich: ....

....

Darüber mache ich mir gerade

☐ keine ☐ mittlere ☐ große Sorgen: ....

....

....

Das kann doch wirklich nicht wahr sein! ....

....

....

Datum: ………………… Schwangerschaftswoche: …………

Ich fühle mich:

	ja	nein	etwas		ja	nein	etwas
ausgeflippt	☐	☐	☐	freigebig	☐	☐	☐
sympathisch	☐	☐	☐	behände	☐	☐	☐
fesselnd	☐	☐	☐	…………	☐	☐	☐

Der Tag in drei Worten:

So stelle ich mir unsere ersten gemeinsamen Augenblicke vor: …………………………………………

…………………………………………

…………………………………………

Das habe ich trotz dickem Bauch ziemlich gut hinbekommen: …………………………………………

…………………………………………

Bin ich bereit für das, was auf mich zukommt? …………

…………………………………………

…………………………………………

…………………………………………

Datum: .... Schwangerschaftswoche: ....

Ich fühle mich:

	ja	nein	etwas		ja	nein	etwas
süß	☐	☐	☐	stark	☐	☐	☐
unerschütterlich	☐	☐	☐	schweigsam	☐	☐	☐
fleißig	☐	☐	☐	befreit	☐	☐	☐
sauber	☐	☐	☐	achtsam	☐	☐	☐
ängstlich	☐	☐	☐	....	☐	☐	☐

Das ist ziemlich toll gerade: ....

....

....................,

aber ein bisschen meckern ist auch erlaubt: ....

....

....

Davon träum ich ☐ nachts ☐ tagsüber: ....

....

....

Drei Dinge, die ich noch erledigen ☐ muss ☐ sollte:

1. ....
2. ....
3. ....

Datum: .... Schwangerschaftswoche: ....

Das geht mir auf den Keks:

So schwanger fühle ich mich gerade:

0 % [ ] 1000 %

Ugh, Hormone! ....

Da ziept es gerade: ....

☐ Fühlt sich eigentlich ganz gut an ☐ AUA!

Das ist gerade meine liebste Ablenkung bei Ungeduld:

Datum: .... Schwangerschaftswoche: ....

Davon kann ich nicht genug kriegen:

Das überwiegt gerade: > oder <

Vorfreude	☐	Anspannung
Aktivität	☐	Couchleben
Verstand	☐	Hormone

Kurze Zusammenfassung des Tages: ....

Meine Gedanken teile ich ☐ mit niemandem ☐ mit .... am liebsten. Und wieso? ....

Auf diese Frage hätte ich gerade gerne eine Antwort:

Datum: ………… Schwangerschaftswoche: …………

So fühle ich mich:

	ja	nein	etwas		ja	nein	etwas
erfreut	☐	☐	☐	wortgewandt	☐	☐	☐
umtriebig	☐	☐	☐	sportlich	☐	☐	☐
träge	☐	☐	☐	…………	☐	☐	☐

Diese kleine Auszeit habe ich mir heute gegönnt: …………

…………

…………

…………

Wenn du da bist, werde ich ☐ auf jeden ☐ auf keinen Fall …………

…………

Der größte Blödsinn, den ich mir ☐ heute ☐ kürzlich anhören musste: …………

…………

Kam von: …………

Morgen könnte ich doch mal: …………

…………

…………

Datum: .... Schwangerschaftswoche: ....

Ich fühle mich:

	ja	nein	etwas		ja	nein	etwas
zufrieden	☐	☐	☐	scharfzüngig	☐	☐	☐
magisch	☐	☐	☐	standfest	☐	☐	☐
unbesiegbar	☐	☐	☐	....	☐	☐	☐

Mein Tag war ☐ gut ☐ mittel ☐ schlecht

Weil ....

Vorfreude: 0% ▭ 100%

Das möchte ich noch für ☐ mich ☐ dich besorgen: ....

Ich bin ein bisschen enttäuscht von ....

............, weil ....

Datum: .... Schwangerschaftswoche: ....

Zur Vorbeugung der Schwangerschaftsdemenz:

Das war heute richtig gut: ....

....

....

....

....

Klitzekleine Krise, weil ....

....

Aber das macht gerade echt Spaß: ....

....

....

....

Das will ich haben: ....

....

.... Und zwar JETZT SOFORT!!!

Datum: ……………… Schwangerschaftswoche: ………

Das habe ich schon mal auf meinem Bauch abgestellt:

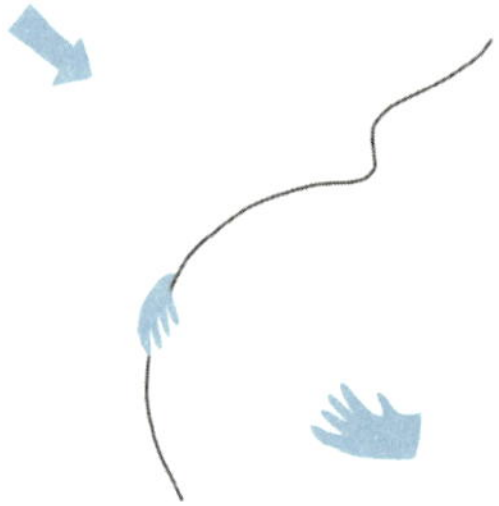

Ich träume davon, dass ……………………………………

……………………………………………………………

……………………………………………………………

……………………………………………………………

Nervös? 0% ▭ 100%

Was mich gerade tooooooootal glücklich macht: ………

……………………………………………………………

……………………………………………………………

……………………………………………………………

Bevor du da bist, möchte ich gerne noch ………………

……………………………………………………………

……………………………………………………………

……………………………………………………………

……………………………………………………………

Datum: .... Schwangerschaftswoche: ....

So fühle ich mich:

	ja	nein	etwas		ja	nein	etwas
crazy	☐	☐	☐	laut	☐	☐	☐
schüchtern	☐	☐	☐	himmlisch	☐	☐	☐
mäkelig	☐	☐	☐	....	☐	☐	☐

Da wäre ich jetzt viel lieber als hier: ....

Bewegungen, die ich heute gespürt habe: ....

Mit Menschen gesprochen? ☐ ja ☐ nein

Worüber? ....

Puh: ....

Juhu: ....

Das vermisse ich gerade: ....

Datum: .... Schwangerschaftswoche: ....

Ich, heute:

	stimmt	stimmt nicht
Ich bin die Ruhe in Person.	☐	☐
Ich bin sehr aktiv.	☐	☐
Ich stecke voller Energie.	☐	☐
Mir tut nichts weh.	☐	☐
Mir kann KEINER was!!	☐	☐

So war mein Tag: ....

....

....

Darüber mache ich mir ☐ keine ☐ ein wenig Sorgen:

....

....

Weil ....

....

Das würde ich dir gerade gerne sagen: ....

....

....

....

....

Datum: .... Schwangerschaftswoche: ....

So viel kann ich noch
von meinen Füßen sehen:
(Bauch einzeichnen.)

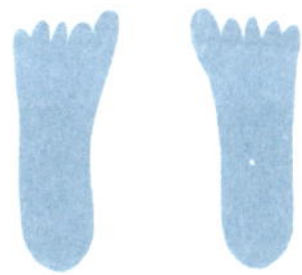

So viele Nickerchen habe ich heute gemacht: ☐ Stück

Bestes Nickerchen: ....

....

Das gefällt mir heute ☐ ziemlich ☐ nicht so gut am
Schwangersein: ....

....

Das wird langsam anstrengend: ....

....

....

Ich sollte mehr ....

....

und dafür weniger ....

Weil ....

....

Datum: .... Schwangerschaftswoche: ....

Dafür verdiene ich
den Weltpokal:

Ich brauche dringend mehr ....

....

und weniger ....

....

Signale aus dem Bauch: ☐ Schluckauf ☐ Tritte
☐ Sonstige: ....

So oft denke ich an die Geburt:
☐ kaum ☐ gelegentlich ☐ ca. ☐ mal am Tag

Der Höhepunkt des Tages: ....

....

....

....

....

Datum: .... Schwangerschaftswoche: ....

Heute bin ich:

	ja	nein	etwas		ja	nein	etwas
warmherzig	☐	☐	☐	genügsam	☐	☐	☐
spitzfindig	☐	☐	☐	dramatisch	☐	☐	☐
plump	☐	☐	☐	steif	☐	☐	☐
großzügig	☐	☐	☐	....	☐	☐	☐

Das geht mir durch den Kopf: ....

Darüber musste ich ☐ heute ☐ kürzlich
☐ total lachen ☐ ein bisschen weinen: ....

So glücklich bin ich:

0% [ ] 100%

Und sonst so? ....

Datum: .... Schwangerschaftswoche: ....

So fühle ich mich:

	ja	nein	etwas		ja	nein	etwas
herrlich	☐	☐	☐	diszipliniert	☐	☐	☐
trampelig	☐	☐	☐	zurückgezogen	☐	☐	☐
schlau	☐	☐	☐	gutmütig	☐	☐	☐
unbeirrbar	☐	☐	☐	....	☐	☐	☐

Heute war ein ☐ toller ☐ normaler ☐ irrelevanter
Tag, weil ....

....

....

Party im Bauch gibt es meistens
☐ morgens ☐ mittags ☐ abends ☐ nachts
Details: ....

....

Yay! ....
Nope. ....

Meine Freunde sagen, ich sehe aus wie ....

....,

☐ aber das stimmt nicht. ☐ und sie haben recht.

Datum: .... Schwangerschaftswoche: ....

Energie:

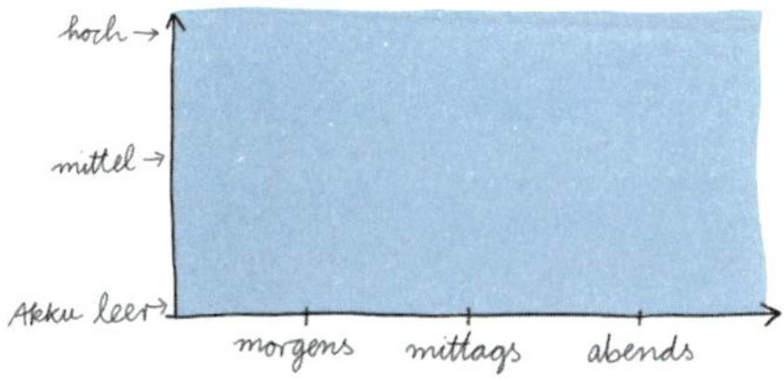

Das Thema meines Tages: ....

Das Netteste, das in der letzten Zeit jemand
☐ für mich getan ☐ zu mir gesagt hat: ....

Zipperlein? ☐ ja ☐ nein ☐ geht so
Falls ja, diese: ....

Ich wünsche mir ....

Datum: ……………… Schwangerschaftswoche: ………

So liegst du in meinem Bauch:

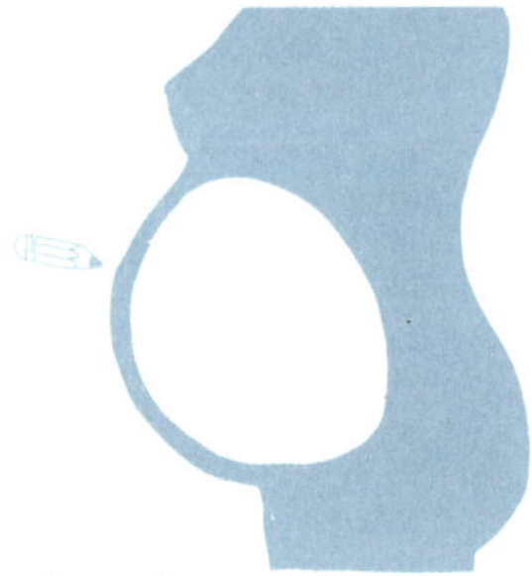

Schönster Gedanke des Tages: ……………………………………

Ich fühle mich gerade wie ☐ eine ☐ ein ……………………………………

Weil ……………………………………

Mist, das passt nicht mehr: ……………………………………

Ich ☐ sollte ☐ müsste ☐ könnte mal wieder ……………………………………

Datum: .... Schwangerschaftswoche: ....

Ich fühle mich:

	ja	nein	etwas		ja	nein	etwas
hübsch	☐	☐	☐	elefantös	☐	☐	☐
drömelig	☐	☐	☐	freudestrahlend	☐	☐	☐
unwirklich	☐	☐	☐	verständnisvoll	☐	☐	☐
geplagt	☐	☐	☐	....	☐	☐	☐

Das habe ich alles geschafft heute: ....

Daran waren (natürlich!) die Hormone schuld: ....

Hoffentlich ☐ erbst du ☐ erbst du nicht ☐ mein ☐ meine

....

Drei Dinge, auf die ich mich freue:

1. ....
2. ....
3. ....

Datum: .... Schwangerschaftswoche: ....

So fühle ich mich:

	ja	nein	etwas		ja	nein	etwas
charmant	☐	☐	☐	unbesorgt	☐	☐	☐
markant	☐	☐	☐	interessant	☐	☐	☐
verliebt	☐	☐	☐	offenherzig	☐	☐	☐
abgeklärt	☐	☐	☐	tolerant	☐	☐	☐
verwirrt	☐	☐	☐	....	☐	☐	☐

Das habe ich heute erledigt: ....

Daran habe ich heute am häufigsten gedacht: ....

Das möchte ich nicht vergessen: ....

Und das würde ich gerne vergessen: ....

Ich finde es ☐ beruhigend ☐ beunruhigend, dass ....

Datum: .... Schwangerschaftswoche: ....

So sieht mein
Schatten aus:

Das war heute ☐ toll ☐ suboptimal: ....

Darüber muss ich jedes Mal ☐ lachen ☐ weinen: ....

Ich freue mich auf die Geburt, ☐ weil ☐ obwohl ....

So genervt bin ich: 0% ▭ 100%

HURRA: ....

Datum: .... Schwangerschaftswoche: ....

Mein Tag als Tortendiagramm:

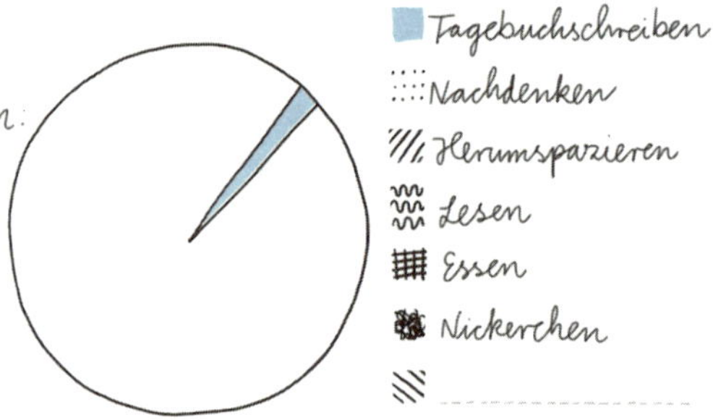

Breaking news – mein Tag als Zeitungs-Schlagzeile: ....

....

....

Nestbautrieb... ☐ Ich? Niemals! ☐ komplett ausgeufert

Neueste Anschaffung für dich: ....

....

Darüber mache ich mir gerade

☐ keine ☐ mittlere ☐ große Sorgen: ....

....

....

Das kann doch wirklich nicht wahr sein! ....

....

....

Datum: .... Schwangerschaftswoche: ....

Ich fühle mich:

	ja	nein	etwas		ja	nein	etwas
ausgeflippt	☐	☐	☐	freigebig	☐	☐	☐
sympathisch	☐	☐	☐	behände	☐	☐	☐
fesselnd	☐	☐	☐	....	☐	☐	☐

Der Tag in drei Worten:

So stelle ich mir unsere ersten gemeinsamen Augenblicke vor: ....

....

....

Das habe ich trotz dickem Bauch ziemlich gut hinbekommen ....

....

Bin ich bereit für das, was auf mich zukommt? ....

....

....

....

Datum: .... Schwangerschaftswoche: ....

Ich fühle mich:

	ja	nein	etwas		ja	nein	etwas
süß	☐	☐	☐	stark	☐	☐	☐
unerschütterlich	☐	☐	☐	schweigsam	☐	☐	☐
fleißig	☐	☐	☐	befreit	☐	☐	☐
sauber	☐	☐	☐	achtsam	☐	☐	☐
ängstlich	☐	☐	☐	....	☐	☐	☐

Das ist ziemlich toll gerade: ....

....

....,

aber ein bisschen meckern ist auch erlaubt: ....

....

....

Davon träum ich ☐ nachts ☐ tagsüber: ....

....

....

Drei Dinge, die ich noch erledigen ☐ muss ☐ sollte:

1. ....
2. ....
3. ....

Datum: ……………… Schwangerschaftswoche: ………

Das geht mir auf den Keks:

So schwanger fühle ich mich gerade:

0 % 1000 %

Ugh, Hormone! ……………………………………

……………………………………

……………………………………

Da ziept es gerade: ……………………………………

……………………………………

……………………………………

☐ Fühlt sich eigentlich ganz gut an ☐ AUA!

Das ist gerade meine liebste Ablenkung bei Ungeduld:

……………………………………

……………………………………

……………………………………

Datum: .... Schwangerschaftswoche: ....

Davon kann ich nicht genug kriegen:

Das überwiegt gerade: > oder <

Vorfreude ☐ Anspannung
Aktivität ☐ Couchleben
Verstand ☐ Hormone

Kurze Zusammenfassung des Tages: ....

....

....

....

Meine Gedanken teile ich ☐ mit niemandem ☐ mit .... am liebsten. Und wieso? ....

....

Auf diese Frage hätte ich gerade gerne eine Antwort:

....

....

Datum: .... Schwangerschaftswoche: ......

So fühle ich mich:

	ja	nein	etwas		ja	nein	etwas
erfreut	☐	☐	☐	wortgewandt	☐	☐	☐
umtriebig	☐	☐	☐	sportlich	☐	☐	☐
träge	☐	☐	☐	....	☐	☐	☐

Diese kleine Auszeit habe ich mir heute gegönnt: ......

....

....

....

Wenn du da bist, werde ich ☐ auf jeden ☐ auf keinen Fall ....

....

Der größte Blödsinn, den ich mir ☐ heute ☐ kürzlich anhören musste: ....

....

Kam von: ....

Morgen könnte ich doch mal: ....

....

....

Datum: .... Schwangerschaftswoche: ....

Ich fühle mich:

	ja	nein	etwas		ja	nein	etwas
zufrieden	☐	☐	☐	scharfzüngig	☐	☐	☐
magisch	☐	☐	☐	standfest	☐	☐	☐
unbesiegbar	☐	☐	☐	....	☐	☐	☐

Mein Tag war ☐ gut ☐ mittel ☐ schlecht

Weil ....

....

....

....

Vorfreude: 0% [ ] 100%

Das möchte ich noch für ☐ mich ☐ dich besorgen: ....

....

....

....

Ich bin ein bisschen enttäuscht von ....

...................., weil ....

....

....

Datum: .... Schwangerschaftswoche: ....

Zur Vorbeugung der Schwangerschaftsdemenz:

Das war heute richtig gut: ....

....

....

....

....

Klitzekleine Krise, weil ....

....

Aber das macht gerade echt Spaß: ....

....

....

....

Das will ich haben: ....

....

.... Und zwar JETZT SOFORT!!!

Datum: .... Schwangerschaftswoche: ....

Das habe ich schon mal auf meinem Bauch abgestellt:

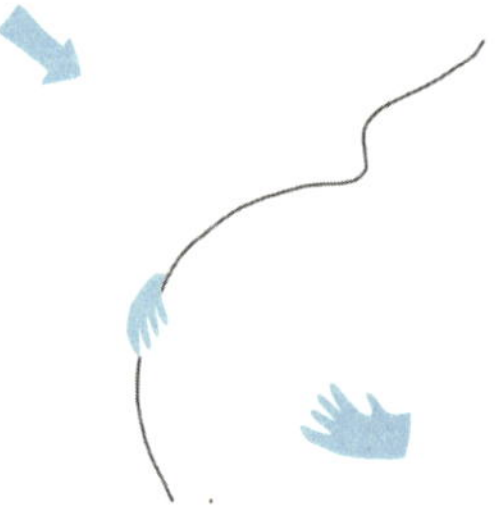

Ich träume davon, dass ....

....

....

....

Nervös? 0% [ ] 100%

Was mich gerade tooooooooootal glücklich macht: ....

....

....

....

Bevor du da bist, möchte ich gerne noch ....

....

....

....

....

Datum: ……………… Schwangerschaftswoche: ………

So fühle ich mich:

	ja	nein	etwas		ja	nein	etwas
crazy	☐	☐	☐	laut	☐	☐	☐
schüchtern	☐	☐	☐	himmlisch	☐	☐	☐
mäkelig	☐	☐	☐	………	☐	☐	☐

Da wäre ich jetzt viel lieber als hier: ………

Bewegungen, die ich heute gespürt habe: ………

Mit Menschen gesprochen? ☐ ja ☐ nein

Worüber? ………

Puh: ………

Juhu: ………

Das vermisse ich gerade: ………

Stand der Dinge 3

So war der Rest der Schwangerschaft:

- ☐ verging wie im Flug
- ☐ ein Auf und Ab
- ☐ die reinste Geduldsprobe
- ☐ ....

So lange hat die Schwangerschaft gedauert:
☐ Wochen und ☐ Tage.

Ich war ☐ gerne ☐ nicht so richtig gerne schwanger, weil ....

....

Am ☐ besondersten ☐ langweiligsten ☐ unheimlichsten fand ich am Schwangersein das: ....

....

....

....

Der Geburtsvorbereitungskurs war
☐ sinnvoll ☐ interessant ☐ überflüssig, weil ....

....

....

So war die letzte Vorsorgeuntersuchung:

Das sagt Dr. :

Das sagt die Hebamme:

Und das sage ich:

Das konnte man beim Ultraschall gut erkennen:

Du wiegst jetzt ca. ☐ Gramm und bist ☐ cm lang.

Mein Geburtsbericht

Am .... um .... Uhr ging es los,
und am .... um .... Uhr warst du dann da.

Dort bist du auf die Welt gekommen:

☐ zu Hause: ....

☐ Krankenhaus: ....

☐ Sonstiges: ....

So habe ich bemerkt, dass es losgeht: ....

....

....

Das passierte dann: ....

....

....

So war die Geburt: ....

....

....

....

Wer war dabei? ....

....

So lange hat deine Geburt gedauert:

☐ ☐ Minuten ☐ Stunden ☐ Tage

Das war gut: ....

Das hat ☐ ziemlich ☐ ein wenig ☐ nicht genervt. ....

....

....

Eine kleine Schrecksekunde: ....

....

.... Aber das haben wir gut gemeistert!

Mein erster Gedanke, als ich dich gesehen habe: ....

....

....

....

Ein unvergesslicher Moment: ....

....

....

Und so fühle ich mich jetzt: ....

....

Hallo, Baby!

Hallo, ..., da bist du ja endlich!

Du bist …

… eher ☐ leicht ☐ schwer mit deinen ☐ g

eher ☐ klein ☐ groß mit deinen ☐ cm

☒ genau richtig so, wie du bist!

Du kannst schon gut

☐ schreien ☐ glucksen

☐ trinken ☐ gucken

☐ schlafen ☐ ....

☐ .... ☐ ....

Alles, was ich sonst schon über dich weiß:

....

....

....

....

....

....

....

....

....

So siehst du aus

(Platz für das erste Foto)

So waren unsere ersten gemeinsamen Stunden:

Hilfe, alles so neu, aber das bekomm ich schon irgendwie hin:

Spezialmomente
Bester Glücksmoment:
Geduldsprobe:
Absurdester Augenblick:
Wutanfall:

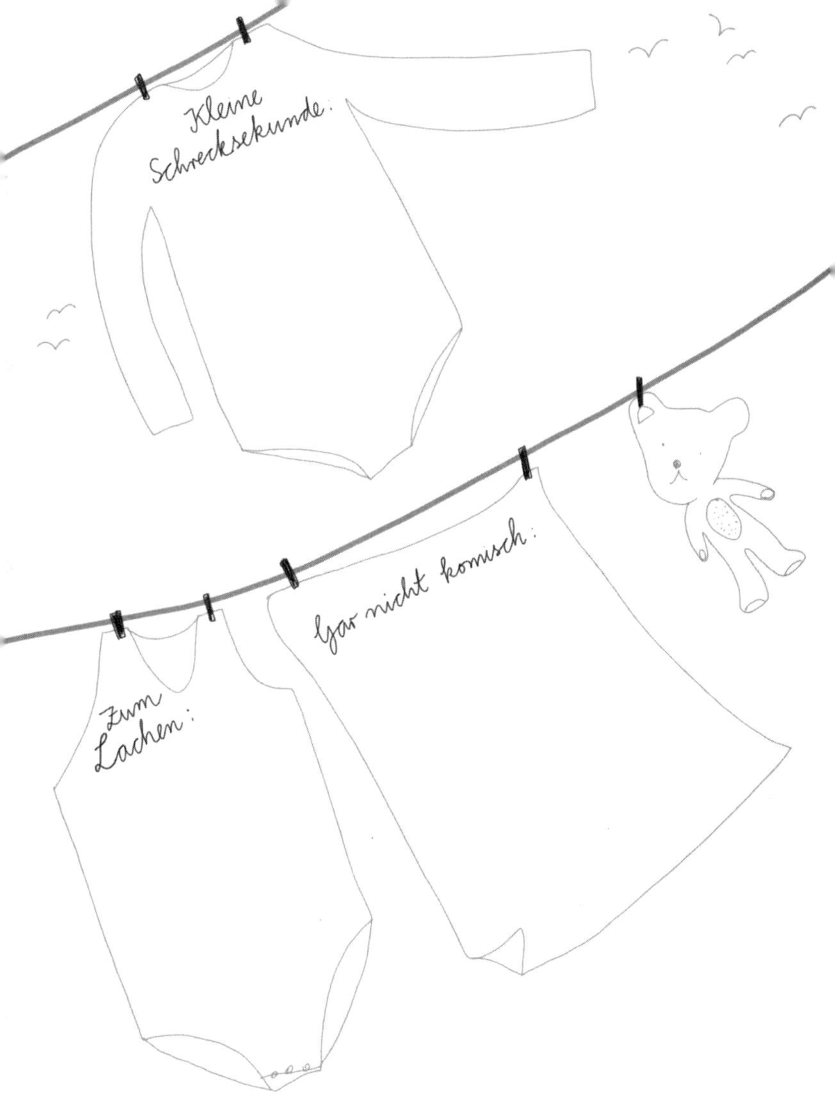
Kleine Schrecksekunde:
Gar nicht komisch:
Zum Lachen: